Warum die Wörter im Deutschen so lang sind

Von Bandwurmwörtern und skurrilen Wortschöpfungen

DUDEN

Ralf Methling

Warum die Wörter im Deutschen so lang sind

Von Bandwurmwörtern und skurrilen Wortschöpfungen

Mit Illustrationen von Enikö Gömöri

Dudenverlag
Berlin

Inhalt

Wort
das

Was sind Wörter?

Die deutsche Sprache ist ein beliebtes Exportprodukt. So haben Wörter wie »Heimweh«, »Fingerspitzengefühl« und »sowieso« ihren Einzug in den niederländischen Wortschatz gehalten. Einen »Kaffeeklatsch« gibt es nicht nur im deutschsprachigen Raum, sondern auch bei den Amerikanern. Moment mal ... »sowieso«, »Heimweh« – Wörter? Was sind Wörter eigentlich genau?

Diese Frage scheint auf den ersten Blick völlig überflüssig zu sein, denn jeder weiß doch, was ein Wort ist. Aber wenn man eine Definition vom Wort »Wort« geben soll, scheint das schwieriger zu sein als anfangs gedacht. Klar, man kann den Duden oder ein anderes Nachschlagewerk nehmen und nach dem Eintrag »Wort« suchen, aber viel spannender ist es doch, wenn man sich einmal selbst auf die Suche nach einer Antwort begibt. Das macht die Sprachwissenschaft auch oft, wenn sie eine Frage beantworten möchte. Sie prüft und vergleicht verschiedene Theorien und sie forscht empirisch und schaut sich Sprache im Gebrauch an.

Begeben wir uns also einmal selbst auf eine Reise in die Welt der Sprachen und suchen dabei eine Antwort auf die Frage »Was sind Wörter?«.

Erkennt man Wörter an den Leerzeichen zwischen ihnen?

Wörter erkennt man ganz einfach daran, dass sie von Leerzeichen getrennt werden! Das scheint so auf den ersten Blick die passende Definition des Begriffs »Wort« zu sein. Leerzeichen sind praktisch, da man weiß, wo ein Wort beginnt und wo es aufhört. Man kann sich dadurch die Pausen beim Lesen einteilen und irgendwie wirkt so ein geschriebener Text mit seinen Leerzeichen wie ein Geflecht, ein Gewebe. Wenn man sich die Seite hier, auf der diese Wörter stehen, einmal als Ganzes ansieht und nicht auf die einzelnen Wörter achtet, kann man sogar wie bei einem gewebten Teppich die waagerechten und senkrechten Strukturen erkennen, die die Leerzeichen entstehen lassen. Tatsächlich ist es so, dass das Wort »Text« vom lateinischen Wort »textus« abgeleitet ist und »Gewebe« bedeutet.

Diese Leerzeichen zwischen den Wörtern scheinen also eine wichtige Funktion für den Leser zu haben und das wird vor allem deutlich, wenn es einmal keine Leerzeichen gibt.

OhneLeerzeichenisteinText nurschwerzulesen.

Allerdings stellt sich die Frage, nach welchen Regeln diese Leerzeichen gesetzt werden. Klar, zwischen den Wörtern, aber dann wäre ja immer noch ungeklärt, was ein Wort überhaupt ist. Zweifel an der Definition »ein Wort ist das, was durch Leerzeichen voneinander getrennt wird« entstehen vor allem dann, wenn man das Deutsche mit anderen Sprachen vergleicht. Im Englischen bestände das Wort »door bell« aus zwei Wörtern, im Deutschen allerdings nur aus einem: »Türklingel«. Doch gemeint ist in beiden Fällen der gleiche Gegenstand, ob man ihn »door bell« oder »Türklingel« nennt, ist egal.

Aber auch innerhalb der deutschen Sprache gibt es dieses Problem. Handelt es sich bei dem Wort »sodass / so dass« um ein Wort oder um zwei? »Es fror die ganze Nacht, so dass es glatt wurde« oder »Es fror die ganze Nacht, sodass es glatt wurde«? Beide Schreibweisen sind möglich.

Und ein ähnliches Problem wird deutlich, wenn man sich Wörter wie »einladen« genauer ansieht. Teile davon lassen sich abspalten, wenn sie in einem Satz verwendet werden:

»Ich **lade** dich zur Party **ein**«. Handelt es sich dann um einen Satz mit fünf Wörtern oder doch mit vier?

Wenn man sich mit Sprachen beschäftigt, die uns noch etwas weniger vertraut sind als Deutsch und Englisch, entstehen immer mehr Zweifel daran, dass Wortzwischenräume zwangsläufig Wörter trennen. Hoch oben im Norden, in Grönland, gibt es eine Sprache, die in der Sprachwissenschaft Westgrönländisch genannt wird. Hier folgt ein Beispiel aus dieser Sprache:

Was bedeutet es? Das Beispiel setzt sich aus mehreren Teilen zusammen und entspricht ungefähr dem, was wir einen Satz nennen würden. Man kann es so übersetzen: »Sie ist kürzlich Studentin geworden.« Im Westgrönländischen verschmelzen viele Informationen miteinander, die dann einen ganzen Satz bilden. Das lässt einen stark daran zweifeln, ob die aneinandergereihten Informationen ohne Leerzeichen wirklich als ein einziges Wort bezeichnet werden können.

Erkennt man Wörter an Sprechpausen zwischen ihnen?

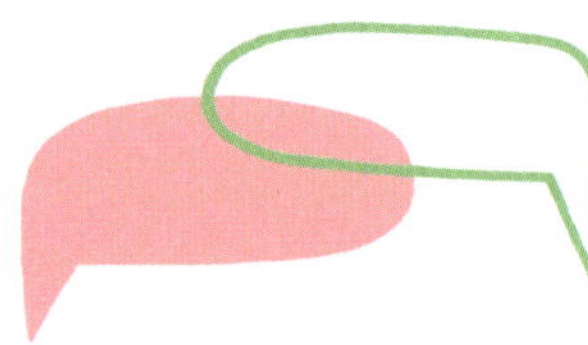

Wir halten fest, dass Wortzwischenräume als Definition für den Begriff »Wort« eher nicht geeignet sind. Und Sprache besteht auch nicht nur aus geschriebener Sprache, sondern wird zu einem sehr großen Teil gesprochen. Lange bevor es die Schrift überhaupt gab, wurde mündlich kommuniziert. Ist es dann vielleicht so, dass ein Wort das ist, was durch kleine Pausen beim Sprechen voneinander getrennt wird?

Wir machen beim Sprechen zwar Pausen, aber diese Pausen liegen nicht zwingend zwischen den Wörtern. Bei folgendem Satz zum Beispiel »Sie hat einen Hund« verschmelzen »Sie« und »hat« zu »Siehat«, werden also zusammen ohne Pause ausgesprochen. »Einen« und »Hund« hört sich eher an wie »einHunt«. Nur in der Mitte vor »ein(en)« gibt es den sogenannten **Knacklaut** als

kurze Unterbrechung. Der Knacklaut kann im Deutschen vor Vokalen stehen und diese sozusagen abtrennen, er entsteht durch die plötzliche Lösung des Verschlusses der **Stimmlippen** im Kehlkopf.

Das Lautbild des Satzes beginnt übrigens mit einem »z« statt des geschriebenen »s«, weil es für den summenden s-Laut steht. Die Doppelpunkte hinter dem »i« symbolisieren die Länge des Lautes.

Manchmal liegt die Knacklautpause auch mitten im Wort, wie zum Beispiel bei »Be-amter«. Natürlich, beim langsamen Sprechen kann man nach jedem einzelnen Wort eine Pause machen, aber im Sprechfluss wird verschleift, verkürzt und verschluckt.

Wenn man Engländern oder Franzosen beim Sprechen zuhört, dann wird noch deutlicher, dass Pausen nicht dazu da sind, Wörter voneinander zu trennen. Um so richtig »englisch« oder »französisch« zu klingen, muss alles zu einer harmonischen Einheit verschmelzen.

Die Wortbetonung als Merkmal von Wörtern?

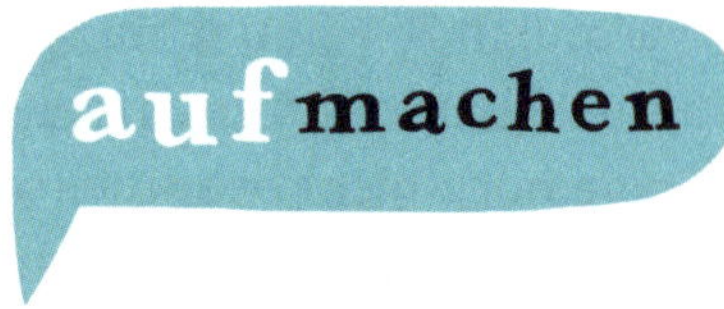

Pausen beim Sprechen als Kriterium für die Unterscheidung von Wörtern zu verwenden ist also genauso ungeeignet wie die Leerzeichen beim Schreiben zwischen den Wörtern.

Beim Sprechen fällt auch auf, dass jedes Wort einen Teil enthält, der besonders betont wird. Bei dem Wort »aufmachen« liegt die Betonung auf dem ersten Teil »auf«.

Er wird etwas langsamer, dadurch auch deutlicher ausgesprochen und zugleich etwas lauter als der zweite Teil »machen«. Wie ist das in längeren Wörtern? Funktioniert das tatsächlich immer? Das Wort »Universität« hat einen etwas betonten Start »U«, dann folgen drei weniger betonte Teile »ni«, »ver« und »si«, zum Abschluss folgt der hauptsächlich betonte Teil »tät«.

Die Wortbetonung kann als Testmethode verwendet werden, ob es sich bei einem Wort um ein Wort oder um zwei Wörter handelt. Dies ändert jedoch nichts daran, dass die Grenzen zwischen einzelnen Wörtern im Sprechfluss nicht wirklich zu erkennen sind.

Die Bedeutung als Merkmal von Wörtern

Nur durch die Betrachtung der äußeren Gestalt von gesprochenen oder geschriebenen Wörtern haben wir die Frage noch nicht beantwortet, was Wörter sind. Wir müssen auch die Bedeutung betrachten. »Türklingel« bedeutet zum Beispiel so etwas wie »(elektrische) Klingel am Eingang eines Hauses«. Und obwohl es aus zwei einzelnen Wörtern mit jeweils einer eigenen Bedeutung besteht, die im Englischen sogar getrennt geschrieben werden, handelt es sich bei »Tür« und »Klingel« aufgrund seiner selbstständigen gemeinsamen Bedeutung um ein eigenständiges Wort. Bei dem Wort »Türklingel« denken wir an eine bestimmte, eigenständige Sache, z. B. einen kleinen Knopf mit einem Namen daneben.

In der Sprachwissenschaft spricht man nicht von »Wort«, da wir diesen Ausdruck in unserem Alltag so verwenden, wie es der Kontext gerade zulässt und wie es von unserem Gesprächspartner erwartet wird. Allerdings braucht man in der Wissenschaft eine eindeutige Definition. Man hat sich darauf geeinigt, dass man das, was wir allgemein unter einem »Wort« mit einer bestimmten eigenständigen Bedeutung verstehen, als Lexem bezeichnet. Der Terminus kommt von dem griechischen Ausdruck »léxis«, der Lexikon, also so etwas wie Wortschatz, bedeutet. Ein **Lexem** ist also eine Wortschatzeinheit.

Man löst sich dabei etwas davon, wie ein Wort geschrieben oder gesprochen wird. Ob »so dass« oder auch »door bell« als ein Wort oder als zwei Wörter geschrieben werden, ist nicht wichtig, sondern es handelt sich immer dann um ein Lexem, wenn ein Wort eine Bedeutung trägt. Genauso stellt »einladen« in »Ich möchte dich **einladen**« und »Du **lädst** mich zur Party **ein**« ein Lexem dar und genauso ist es auch bei diesen drei Formen:

1. Er **spielt** auf der Straße.
2. **Spiel** auf der Straße!
3. Du **spielst** auf der Straße.

Bei »spielt«, »spiel« und »spielst« handelt es sich um mehrere Wörter, aber nur um ein Lexem, denn diese Wörter lassen sich alle auf die Bedeutung »spielen« zurückführen. »Spielt«, »spiel« und »spielst« unterscheiden sich in ihrer Form, obwohl die Grundbedeutung dieselbe ist.

Um diesen Unterschied zwischen einem Wort mit einer Wortbedeutung (Lexem) und einem Wort mit einer bestimmten Form deutlich zu machen, hat man in der Sprachwissenschaft einen weiteren Begriff eingeführt, die **Wortform**. Bei den Beispielsätzen 1 bis 3 handelt es sich

um verschiedene Wortformen des Lexems »spielen«.

Aber ja, auch hier stößt man auf Probleme. Die Redewendung »in den sauren Apfel beißen« trägt auch nur eine Bedeutung. Man verwendet sie, um anzugeben, dass man sich überwinden muss, etwas Unangenehmes zu tun. Die einzelnen Elemente dieser Redewendung sind unwichtig geworden und tragen nur als Ganzes diese Bedeutung. Somit müsste es sich bei »in den sauren Apfel beißen« auch logischerweise um ein Lexem handeln. Allerdings lässt sich in einem natürlichen System, wie es Sprachen nun einmal sind, nicht alles eindeutig kategorisieren. Man nennt solche festen größeren Verbindungen, die zusammen eine neue Bedeutung tragen, **Phraseme** oder auch **Idiome**.

U-ni-ver-si-tät
ʃtrʊmpf
Him beere
Fin ger hand schuh
Wi der stand
Flasche n
trink st
glück lich

Wie sind Wörter aufgebaut?

Die kleinsten Bausteine beim Sprechen

Bereits bei der Frage »Was sind Wörter?« ging es ja um den Unterschied zwischen gesprochener und geschriebener Sprache. Diese Unterscheidung ist auch bei der Frage nach dem Aufbau von Wörtern wichtig.

Wenn man ein gesprochenes Wort wie »Tag« in seine kleinsten Einzelteile zerlegt, bis keine weitere Unterteilung mehr möglich ist, dann stößt man auf einzelne Laute. Dazu muss man sich vom Schriftbild des Wortes, also wie das Wort geschrieben wird, lösen und sich nur ganz genau den Klang des Wortes anhören. Das Wort beginnt mit dem Laut »t«, dann folgt ein lang gezogenes »a« und schließlich ein »k«. Geschrieben wird es zwar mit einem »g«, aber ausgesprochen »k«. Zwischen den einzelnen Buchstaben in einem Text und den Lauten in gesprochener Sprache gibt es also Unterschiede.

Die einzelnen Sprachlaute, aus denen Wörter bestehen, haben bestimmte Eigenschaften.

Sprachlaute sind Schall, der durch die menschliche Stimme produziert wird. Man kann die Laute aussprechen, das heißt produzieren, man kann sie mit einem Mikrofon auffangen und messen und sie sind natürlich hörbar.

Wie wird so ein Laut produziert? Grob gesagt im Zusammenspiel zwischen Lunge ①, Kehlkopf ②, Mund ③, Nase ④, Lippen, Zunge und Zähnen. Zunächst wird mithilfe der Lungen Luft gesammelt und auf dem Weg durch die Luftröhre durch den Kehlkopf geleitet. Der Kehlkopf ist der Knubbel im Hals, der vor allem bei Männern stark ausgeprägt ist. In ihm befinden sich Stimmlippen, die wie die Saiten eines Musikinstruments funktionieren. Geraten sie in Schwingung, versetzen sie wiederum die Luft in eine wellenförmige Bewegung und ein Geräusch entsteht. Genau nach diesem Prinzip entsteht auch das unangenehme Quietschen, wenn man die Öffnung eines aufgeblasenen Luftballons zwischen zwei Fingern hält und langsam die Luft entweichen lässt.

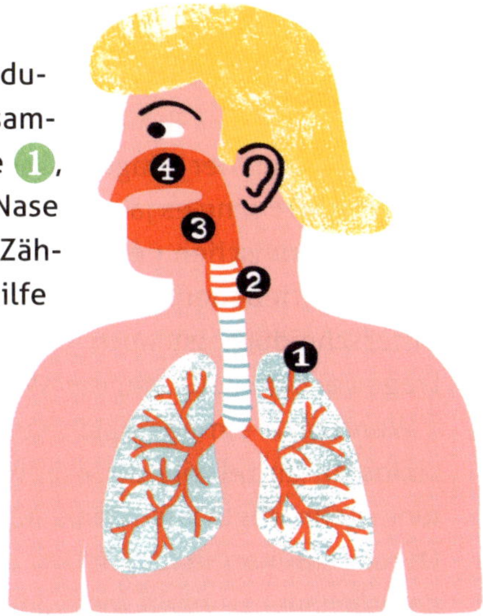

Nun ist es so, dass die Luft, die aus so einem Luftballon entweicht, nicht sonderlich harmonisch und vor allem nicht so weich wie unsere menschliche Stimme klingt. Deshalb wird das Geräusch aus dem Kehlkopf, das sich auf dem Weg aus unserem Mund oder der Nase befindet, geformt. Die Zunge, Lippen und Zähne manipulieren das Geräusch so, dass die Laute entstehen, die wir Menschen zum Sprechen benötigen. Unser Mund- und Nasenraum funktioniert also wie der Bauch einer Gitarre.

Menschen können eine Vielzahl von Lauten produzieren, aber im Grunde kommen die menschlichen Sprachen mit einer sehr begrenzten Anzahl aus. Und es werden auch längst nicht alle Laute, die die Menschen zum Kommunizieren verwenden, in jeder Sprache eingesetzt.

Das Deutsche braucht wiederum nur einen kleinen Teil der Laute, die in allen möglichen Sprachen vorkommen. Diese Erfahrung macht jeder, der eine Fremdsprache wie zum Beispiel Englisch lernt oder gelernt hat und mit dem Problem konfrontiert wird, das »th« (wie in »this« oder »that«) zu bilden. Was passiert, wenn man es mit einer Sprache zu tun hat, die Laute enthält, die man nicht kennt, und wenn zudem andere Silbenregeln gelten? Ganz klar, dann werden der Einfachheit halber die Regeln der Muttersprache auf die Fremdsprache übertragen. Genau das passiert eben, wenn ein ungeübter Deutscher das englische »th« aussprechen soll. Da es einen ähnlichen Laut »s« im Deutschen gibt, wird an dieser Stelle einfach ersetzt. Für ein unge-

übtes Ohr klingt das auch gar nicht mal so schlecht, denn der Unterschied zwischen dem unbekannten Laut »th« und dem deutschen »s« fällt ja nicht auf, da das deutsche Muttersprachenohr sich erst noch an den neuen Laut gewöhnen muss.

Aber auch das Deutsche hat ein paar besondere Laute, die es Deutschlernenden besonders schwierig macht, Deutsch zu klingen. Der »Ich-Laut« zum Beispiel. Es handelt sich hierbei um den letzten Teil des Wortes »ich«, bei dem die Zunge gegen den oberen Teil des Mundes gedrückt wird, dabei aber noch gerade genug Platz lässt, dass die Luft daran entlangreiben kann.

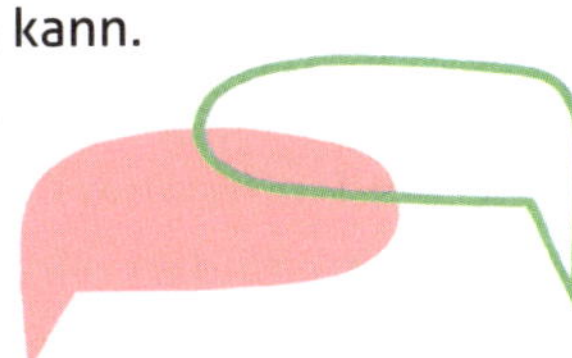

Uns erscheint das ganz normal, aber ohne große Anstrengung geht das nicht, wodurch man auch hier und dort »isch« statt »ich« hört.

Aber wie ist es in Sprachen, die für uns exotischer sind als unsere bekannten europäischen?

In Teilen des südlichen Afrikas, in Botswana zum Beispiel, werden Khoisan-Sprachen gesprochen. Und diese Sprachen, !Xóõ ist eine von ihnen, enthalten **Schnalz-** und **Klicklaute**. Bei dem Ausrufezeichen im Namen der Sprache handelt sich um einen solchen Klicklaut, der mit der Zungenspitze hinter den Zähnen am Gaumen gebildet wird, indem man die Zunge schnell herunterschnellen lässt. Das Geräusch ähnelt einem knallenden Korken. Andere

Schnalz- und Klicklaute kann man sich ungefähr vorstellen wie das Geräusch, das man macht, wenn man im Deutschen ein geschnalztes »ts, ts« von sich gibt, wenn man etwas missbilligend kommentiert. Oder wie das Geräusch, das zum Antreiben eines Pferdes verwendet werden kann. Aber die Khoisan-Sprachen sind nicht nur aufgrund ihrer für uns ausgefallenen Laute so interessant, sondern auch aufgrund der Tatsache, dass einiges darauf hindeutet, dass diese Laute historisch gesehen die Anfangssprachlaute unseres Vorfahrens, dem Homo sapiens, waren.

Neben Sprachen mit einzigartigen Lauten gibt es auch Sprachen mit besonders vielen oder besonders wenigen Lauten. Hawaiianisch hält den Rekord als Sprache mit den wenigsten Sprachlauten. Je nachdem wie man zählt – denn genau wie bei den Wörtern ist nicht immer ganz eindeutig, ob ein Laut auch als Laut gezählt werden kann –, kommt Hawaiianisch beispielsweise mit nur unglaublichen 13 Lauten aus.

Im Vergleich dazu: Das Deutsche umfasst ungefähr 40 unterschiedliche Laute, davon rund 19 bedeutungsunterscheidende Vokale. Genau wie bei den verwandten Sprachen Schwedisch und Englisch ist das im weltweiten Vergleich sehr viel.

19 Vokale? Man lernt beim Schreiben ja eigentlich fünf Vokale kennen: a – e – i – o – u. Ein Buchstabe »e« ist aber nicht gleich der Laut »e«, sondern es wird beim Laut »e« z. B. unterschieden, ob er weiter vorn oder hinten im Mundraum gebildet wird, wie geschlossen oder offen der Mund dabei ist. Die Verben »betten« und »beten« haben eine sehr unterschiedliche Bedeutung. Einmal ist das »e« offener, einmal geschlossener. Eine regelrechte Lautverschwendung. Jede Sprache hat also, ähnlich wie der Fingerabdruck bei einem Menschen, ihr ganz eigenes besonderes **Lautinventar**.

Die kleinsten Bausteine beim Schreiben

Geschriebene Wörter sind nicht aus Lauten aufgebaut, sondern aus Buchstaben, den kleinsten Einheiten geschriebener Sprache. Genau das lernen Kinder in der Grundschule, wenn sie Lesen und Schreiben lernen. Buchstaben müssen mit Lauten verbunden werden, sodass ein geschriebenes Wort Stück für

Stück vorgelesen werden kann oder um ein gesprochenes Wort schreiben zu können. Dabei verwendet die deutsche Sprache, mit vielen anderen Sprachen zusammen, das lateinische Alphabet. Unsere heutigen Buchstaben stammen aus der Kapitalschrift der römischen Antike, die allerdings nur aus Großbuchstaben bestand.

Unsere heutigen Kleinbuchstaben sind wesentlich jünger. Sie gibt es erst seit circa 400 Jahren, sie lassen sich aber auf die karolingische Minuskel (rund 800 nach Chr.) zurückführen, die sich durch ein einfaches und klares Schriftbild auszeichnete. »Karolingisch« wurde sie genannt, weil sie zu Zeiten Karls des Großen verbreitet wurde, »Minuskel« bedeutet »Kleinbuchstabe«.

Die ursprünglich römischen Buchstaben wurden im Laufe der Zeit von jeder einzelnen Sprache so abgeändert, dass sie zu den Besonderheiten der jeweiligen Sprache passen. Für das Deutsche stellte sich heraus, dass zusätzlich die Buchstaben ß, ä, ö, ü und die festen Einheiten »sch«, »ch« und »qu« benötigt werden. Aber ein Problem bleibt. Das lateinische Alphabet reicht nicht aus, um alle Laute des

Deutschen an genau einen Buchstaben zu koppeln. Es gibt, wie schon erwähnt, circa 40 Laute im Deutschen, aber nur 30 Buchstaben. Das bedeutet, dass mehr als nur ein Laut für einen Buchstaben stehen kann.

Das oben schon erwähnte Wortpaar »beten« und »betten« verdeutlicht das noch einmal. Beim Hinhören fällt auf, dass das erste »e« in »beten« anders klingt, als das erste »e« in »betten«. Das Verb »betten« spricht man eher aus wie »bätten«, mit etwas offeneren Lippen, während das »e« in »beten« ein geschlosseneres »e« ist. Es handelt sich also um zwei unterschiedliche Laute, geschrieben wird aber trotzdem nur der Buchstabe »e«. Die beiden hinteren Buchstaben »e« vor dem »n« klingen noch einmal anders als die vorderen, in der gesprochenen Sprache hört man sie kaum, geschrieben wird aber »-en«.

Größere Bausteine beim Sprechen

Es gibt eine weitere Einheit, die zwischen Lauten einerseits und Wörtern andererseits liegt. Das wird zum Beispiel am Wort »trinken« deutlich. Es besteht aus zwei Teilen, die mehr umfassen als nur einzelne Laute: »trin–ken«. Ganz intuitiv lassen sich Laute also mithilfe des Sprechrhythmus zu Sprecheinheiten verbinden. In diesem Fall sind es zwei.

Diese Einheiten nennt man **Silben**. Das lernen Kinder oft mithilfe des Silbenklatschens. Das Wort »Gar–ten« besteht zum Beispiel aus zweimal Händeklatschen, also zwei Silben.

Wenn man Silben vergleicht, dann wird ein Aufbau deutlich. Jede Silbe enthält einen Kern, der (fast immer) aus mindestens einem Vokal besteht:

»Bib–li–**o**–thek«.

Silben werden also sozusagen um Vokale herumgebaut. Vor dem **Silbenkern**, also dem Vokal oder den Vokalen, können verschiedene Laute stehen und sprachübergreifend fällt dabei auf, dass jede einzelne Sprache ein ganz bestimmtes Maximum an Lauten vor dem Kern erlaubt. Das Deutsche akzeptiert höchstens drei Laute wie im ein-

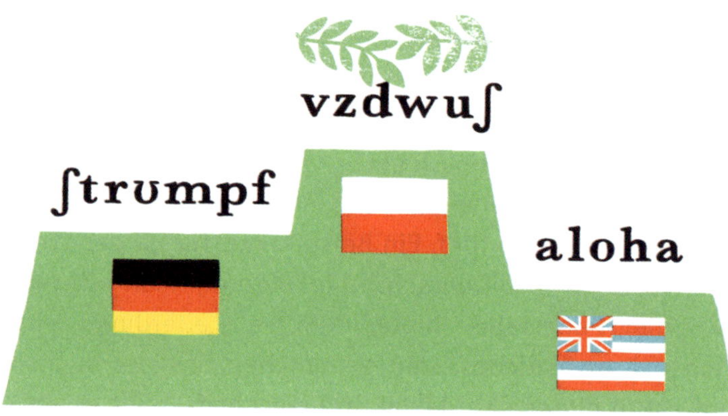

silbigen Wort »**Str**umpf«, wobei man sich wirklich Mühe geben muss, die einzelnen Laute auseinanderzuhalten: »sch–t–r«. Wie bereits gesagt, Laute sind keine Buchstaben, der erste Buchstabe lautet zwar »s«, er aber als ein »sch« (in der Lautschrift das Zeichen »ʃ«) ausgesprochen. Mit einem Maximum von drei Lauten vor dem Kern einer Silbe bewegt sich das Deutsche eher im Mittelfeld. Zu den Rekordhaltern in dieser Sache zählt zum Beispiel Polnisch. Das polnische Wort »**wzdł**uż« (es bedeutet auf Deutsch »entlang«) enthält ganze vier Elemente vor dem Vokal »u« und sogar fünf sind in einzelnen Sprachen möglich, wenn auch sehr selten. Zu den sparsamsten Sprachen zählt auch hier wieder einmal Hawaiianisch. Es kann höchstens ein Element vor einem Vokal stehen, was am Wort »a–**l**o–**h**a« (auf Deutsch »Liebe«) deutlich wird. Hawaiianisch hält also bereits in zwei Kategorien den Rekord. Es ist die Sprache mit den wenigsten Lauten und die Sprache, die am wenigsten Elemente innerhalb einer Silbe vor einem Vokal zulässt.

Auch nach einem Vokal können Konsonanten folgen. Hier kann wieder Polnisch als Sprache glänzen, in der besonders viele Konsonanten nach einem Vokal stehen können, nämlich bis zu fünf. Ein Beispiel hierfür ist das Wort »nas–tę**pstw**« (auf Deutsch »die Folgen«). Man schreibt zwar vier Buchstaben hinter dem »e«, allerdings wird noch ein zusätzliches »m« gesprochen, insgesamt also fünf Laute hinter dem Vokal. In Lautschrift heißt es also

»nastɛ**mpstf**«. Doch auch das Deutsche kann mithalten. Vier Konsonanten zum Abschluss einer Silbe kommen vor, wie in »H**erbst**«. Und Hawaiianisch? Wie es nicht anders zu erwarten war, sind die Regeln auch hier denkbar einfach. Hawaiianisch erlaubt an dieser Stelle ganz einfach gar keine Konsonanten. Unter dem Strich kommt dabei raus, dass Hawaiianisch neben den bereits genannten Rekorden auch insgesamt die Sprache mit den wenigsten Silben ist. Die wenigen 13 Laute, die diese Sprache enthält, können rein rechnerisch aufgrund der strengen Silbenregeln nur zu einer sehr begrenzen Anzahl an Silben kombiniert werden. Das führt unweigerlich dazu, dass mit diesen Silben die einzelnen Wörter in die Länge gezogen und Silben oft wiederholt werden müssen, um überhaupt noch genügend unterschiedliche Wörter bilden zu können. Der »Langnasenfalterfisch« ist dafür wohl das beste Beispiel. Er trägt den wunderschönen Namen

»lau–wi–li–wi–li–nu–ku–nu–ku–'oi–'oi«.

Die Apostrophe bedeuten übrigens, dass an dieser Stelle ein wichtiger Knacklaut gesprochen werden muss, vergleichbar mit der kleinen Sprachpause, die im deutschen Wort »Beamter« vor dem »a« gemacht wird. Der Laut ist im Hawaiianischen aber wesentlich wichtiger als im Deutschen, da sich in einigen Wörtern die Bedeutung ändert, wenn man ihn nicht deutlich spricht. Im Deutschen dahingegen ändert sich die Bedeutung nicht, wenn man »Beamter« ohne Pause ausspricht.

Wenn ein Sprecher des Hawaiianischen, der Englisch noch nicht gelernt hat, mit dem englischen Glückwunsch »happy Christmas« konfrontiert wird und es genauso wiederholen soll, würde daraus so etwas wie »mele kelikimaka« entstehen. Warum? Erstens gibt es nicht so viele Laute wie im Englischen, das heißt, es wird hier und dort Unbekanntes mit Bekanntem ersetzt, ein »r« wird zu einem »l«, den Laut »p« gibt es genauso wenig wie den Laut »s« und so weiter. Zweitens kommt noch hinzu, dass die hawaiianischen Silbengesetze eben nach dem Vokal einer Silbe keine Konsonanten erlauben und darum englische Silben wie »christmas« nur sehr schwer auszusprechen sind. Auch die Sprache mit den meisten unterschiedlichen Silben möchten wir natürlich nicht vorenthalten. Spitzenreiter ist auf diesem Gebiet Thai.

Größere Bausteine mit Bedeutung

Die kleinsten Elemente von Wörtern sind also Laute, die durch Buchstaben in der Schrift abgebildet werden können und die sich zu Silben zusammenfügen lassen.

Bevor man allerdings die Wortebene erreicht, gibt es noch eine weitere Einheit, die dazwischenliegt und die wieder unter Einbezug der Bedeutung zustande kommt. Das Wort »Widerstand« besteht aus drei Silben:

Wi der stand

Wider stand

Wir erkennen aber zwei Einheiten, die eine eigenständige Bedeutung tragen, »Wider-« und »-stand«. »Wider« bedeutet so viel wie »gegen« oder »entgegen«, während »stand« vom Verb »stehen« abgeleitet ist. Diese Elemente sind die kleinsten Elemente der Sprache, die in unterschiedlichen sprachlichen Kontexten die gleiche Bedeutung haben, man nennt sie **Morpheme**. Wie Lexem kommt auch das Wort Morphem aus dem Griechischen und bedeutet so viel wie »Form, Gestalt«.

Die Unterscheidung zwischen Morphem, Silbe und Wort (Lexem) ist nicht immer leicht, da viele Morpheme gleichzeitig Silbe, Morphem und Wort in einem sind. Zum Beispiel das Morphem »Haus«. Es trägt als Ganzes eine eigene Bedeutung, ist also ein Wort (Lexem), gleichzeitig besteht es aber nur aus einer Silbe. Zudem kann es als Morphem kategorisiert werden, da es in keine weiteren, noch kleineren Bedeutungseinheiten zerlegt werden kann.

Ein weiteres Beispiel ist die Konjunktion »weil«. Sie ist auch Morphem, Silbe und Wort in einem. »Weil« hat zwar keine Bedeutung wie »Haus«, weist aber eine feste grammatische Funktion auf. Wenn wir hier von Bedeutung sprechen, ist der Begriff also recht weit gesteckt.

Die Morpheme »Haus« und »weil« können jeweils als eigenständige Wörter in einem Satz stehen, frei von anderen Wörtern, daher heißen sie **freie Morpheme**. Es gibt aber noch weitere Morpheme, die im Gegensatz zu »Haus« und »weil« nicht frei stehen können, sondern die immer an ein anderes Morphem angehängt werden müssen. Solche Morpheme nennt man daher **gebundene Morpheme**.

Die Wortform »trinkst« kommt zum Beispiel in einem Satz wie in »Du **trinkst** zwei Flaschen Saft« vor und besteht aus zwei Morphemen, also aus zwei Einheiten, die jeweils für sich eine Bedeutung bzw. eine grammatische Funktion tragen und nicht weiter unterteilt werden können. Das freie Morphem »trink« und das gebundene Morphem »-st«, das nicht allein als Wort in einem Satz stehen kann. Welche grammatische Bedeutung hat diese **Endung** »-st«? Sie ist dafür zuständig, die Information zu tragen, dass es sich um die

Aktivität einer Person (Du) in der Gegenwart handelt. Ein weiteres Beispiel hierfür ist das Wort »Flaschen«. Es besteht aus den Morphemen »Flasche« und »-n«. Bei »Flasche« handelt es sich um ein freies Morphem, das allein, das heißt ungebunden, in einem Satz stehen kann und eine Bedeutung trägt. Die Endung »-n« bedeutet, dass es sich um den Plural (die Mehrzahl) des Wortes handelt und trägt somit eine grammatische Bedeutung.

Endungen wie »-ung« können weder allein stehen, noch sind sie für grammatische Kategorien wie Anzahl, Fall, Person oder Zeit zuständig. Mit »-ung« werden kurze und kompakte Substantive gebildet, es handelt sich um ein Wortbildungsmorphem. Vor allem in der Geschäfts- und Amtssprache wird die Endung aktuell verwendet: »Die Zulieferung der Artikel ist verspätet.« Was nichts anderes bedeutet als: »Die Artikel werden verspätet geliefert.«

Es hat den Anschein, dass nur Morpheme, die eine grammatische Bedeutung oder eine Wortbildungsfunktion haben (»-st«, »-n«, »-ung«), als gebundene kategorisiert werden können. Das stimmt nicht. So wie es freie Morpheme gibt, die eine grammatische Bedeutung haben (die Konjunktion »weil«, außerdem die Artikel »der«, »die«, »das« …), gibt es auch Morpheme, die gebunden werden müssen, aber nichts mit der Grammatik zu tun haben. Ein solches Morphem ist der Teil »Him« im Wort »Himbeere«. Allein stehen

kann dieser Teil nicht, er muss immer mit einem Morphem (in diesem Fall »Beere«) verbunden werden. Allerdings ist die Bedeutung des Wortes »Him« im Laufe der Zeit etwas verloren gegangen. Es stammt vom mittelhochdeutschen Wort »Hinde«, was »Hirschkuh« bedeutet. Bei einer Himbeere handelt es sich also um eine Hirschkuhbeere.

Das Prinzip der Einteilung in gebundene und freie Morpheme sowie in Morpheme mit grammatischer oder lexikalischer Bedeutung lässt sich auf alle Sprachen anwenden, die Verteilung und der Einsatz dieser Bausteine ist aber sehr unterschiedlich.

Im Deutschen werden grammatische Morpheme häufig an Wörter gebunden, wie z. B. bei Verben »spiel-st«, »trink-st«, sie können aber auch frei vorkommen (»ich«, »weil«, »die«) und beides kann kombiniert werden. Im Spanischen werden im Gegensatz zum Deutschen die Person und Anzahl (»ich«, »du«, »wir« ...) direkt an das Verb gebunden und kommen meist nicht auch noch einmal frei vor: »Ich frage« kann im Spanischen mit einem Wort ausgedrückt werden »pregunt-o«.

Das klassische Chinesisch und Vietnamesisch verwenden hingegen einzelne freie Morpheme, um grammatische Informationen zu vermitteln. Das macht sie für Fremdsprachenlernende auf den ersten Blick vielleicht zu einfacheren Sprachen, da die Informationen stärker getrennt vorkommen und das deutsche System mit den verschiedenen Endungen doch eher abschreckend wirkt.

Auf den zweiten Blick trägt aber jede Sprache unterschiedliche Merkmale, die Lernenden in Abhängigkeit zu der eigenen Muttersprache und den eigenen Kenntnissen besonders und schwierig oder logisch und einfach vorkommen können.

Es gibt unter den Sprachen der Welt auch Sprachen, die das Aneinanderreihen von grammatischen Morphemen in Wörtern noch mehr als das Deutsche perfektioniert haben. Sie sind sozusagen Meister des Aneinanderreihens. Türkisch ist so eine Sprache, in der viele Informationen säuberlich sortiert in einem Wort verarbeitet werden. »Okullarimizda« (auf Deutsch »in unseren Schulen«) besteht aus den Elementen »Okul + lar + imiz + da«. »Okul« bedeutet »Schule«, »lar« gibt an, dass es sich um mehrere Schulen handelt, »imiz« bedeutet »unser« und »da« steht für die Ortsangabe »in«. Sprachen unterscheiden sich also auch in der Art und Weise, wie einzelne Morpheme miteinander zu komplexeren Wörtern verbunden werden können. Das letzte Kapitel dieses Buches widmet sich diesem Thema noch einmal ausführlich.

cakes
der Keks

Wie kommen neue Wörter in den Wortschatz?

Gottfried Wilhelm Leibniz war ein deutscher Philosoph und Mathematiker, der im 17. Jahrhundert berechnete, dass es theoretisch möglich wäre, 98 Millionen Wörter im Deutschen zu bilden. Er hat für seine Berechnung alle Wortbildungsmöglichkeiten einbezogen, die auch in diesem Kapitel behandelt werden, doch ist eine Anzahl von 98 Millionen Wörtern eher eine grobe Schätzung. Erstaunlicherweise kann allerdings bis heute keiner genau sagen, wie viele Wörter die deutsche Sprache umfasst.

Eine lebendige Sprache, das heißt, eine Sprache, die aktuell von Menschen zur Kommunikation verwendet wird (z. B. Deutsch im Unterschied zum Lateinischen), ist allgemein unendlich erweiterbar und befindet sich ständig im Wandel. Mal müssen neue Gegenstände benannt werden, die es vorher nicht gab, neue Zusammenhänge beschrieben, politische Themen angesprochen oder auch Wörter zu Werbezwecken gebildet werden. Die Gründe, warum wir neue Wörter benötigen, können also sehr vielseitig sein.

Trotzdem gibt es auch heute verschiedene Berechnungen darüber, wie groß der jeweilige Wortschatz einer Sprache ist. Gemeint ist damit dann nicht der theoretisch mögliche Wortschatz, sondern der echte Gebrauchswortschatz, also Wörter, die tatsächlich mit einer gewissen Häufigkeit von einer gewissen Anzahl an Sprechenden über einen bestimmten Zeitraum verwendet werden. Je nachdem welchen Zeitraum, welche Häufigkeit des Vorkommens und wie viele Sprechenden man zählt, variieren die Angaben, denn es gibt keine ganz klare Richtlinie. Der allgemeinsprachliche Wortschatz der deutschen Gegenwartssprache umfasst nach solchen Beobachtungen etwa zwischen 300.000 und 500.000 Wörter. Hierbei handelt es sich um Grundwörter, also um Lexeme, nicht um verschiedene Formen eines Wortes. Im Durchschnitt verwenden Personen

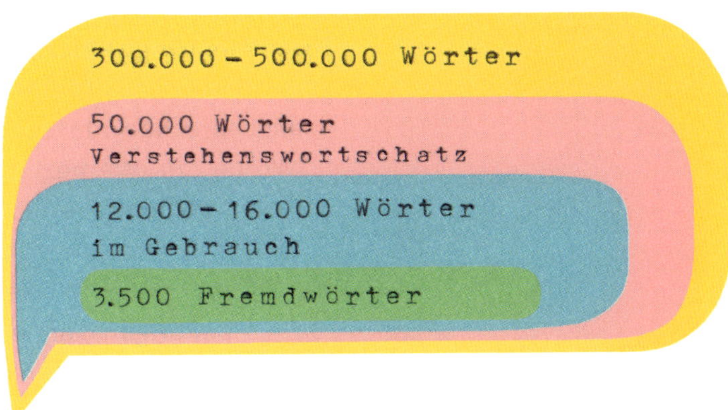

mit Deutsch als Muttersprache davon rund 12.000 bis 16.000 Wörter, darunter sind rund 3.500 Fremdwörter. Diese Angaben beziehen sich auf die Allgemeinheit der Sprechenden, nicht darin enthalten sind Fachsprachen, Dialekte oder andere »besondere« Wörter, die nur von bestimmten Sprechergruppen verwendet werden. Wir können aber viel mehr Wörter verstehen, als wir selbst verwenden. Mit mindestens 50.000 Wörtern ist der Verstehenswortschatz um ein Mehrfaches größer.

Viele Wörter versteht man sogar, ohne dass man sie genau kennt, wie es auch in dem Gedicht Patrouille (1915) von August Stramm (1874–1915) zu sehen ist:

Patrouille

Die Steine feinden
Fenster grinst Verrat
Äste würgen
Berge Sträucher blättern raschlig
Gellen
Tod.

Wörter werden abgeleitet

In diesem kurzen Gedicht verwendet Stramm zwei Wörter, die es so im Deutschen nicht gibt: »feinden« und »raschlig«. Doch obwohl wir sie vielleicht zum ersten Mal lesen, kann man ohne Probleme erraten, was sie bedeuten, denn sie sind entsprechend den (uns zumindest intuitiv bekannten) Regeln der deutschen Wortbildung, genauer gesagt den Regeln der **Ableitung**, gebildet: »Raschlig« muss ein Adjektiv sein, da die Endung »-ig« zur Bildung von Adjektiven verwendet werden kann (wie z. B. auch »gruselig«, »traurig«, »unterschwellig«). Der Wortstamm »rasch-«, der vom Verb »rasch-eln« abgeleitet ist, ist ebenfalls erkennbar. Das Wort »feinden« ist ein Verb, da es eine typische Endung, nämlich »-en«, aufweist und außerdem direkt nach dem Substantiv »Die Steine« folgt. Die Bildung von neuen Wörtern aus schon bestehenden mithilfe von Endungen und Vorsilben ist im Deutschen sehr häufig. Dabei wird aus einem Wort wie »schön« zum Beispiel die Ableitung »Schön-heit«, indem die Endung »-heit« hinzugefügt wird. Das Verb »gehen« kann locker mit 100 ver-

schiedenen Vorsilben von »ab-gehen« über »be-gehen« bis hin zu »zer-gehen« variiert werden. »Glück« kann zu »Un-glück« werden und aus »prüfen« die »Prüf-ung«, die »Prüf-erin« oder etwas »Prüf-bares«. Diese Art, Wörter in neue Wörter zu verwandeln, betrachten wir später noch genauer.

Wörter werden umgewandelt

Es können auch neue Wörter entstehen, ganz ohne dass wir neues Wortmaterial benötigen: Mithilfe der **Konversion**. Der Fachausdruck kommt aus dem Lateinischen und bedeutet »Umwandlung«. Die Wortart kann nämlich auch gewechselt werden, wenn keine Endungen (Ableitung) hinzugefügt werden. Das Verb »laufen« kann zum Beispiel in ein Substantiv umgewandelt werden (»das Laufen«) oder das Adjektiv »tief« in das Substantiv »das Tief«.

Wörter erhalten eine neue Bedeutung

Ebenfalls von der Form her gleich sind neue Wörter, die es schon in genau der Form gibt, die aber eine Bedeutungserweiterung erfahren: Eine so genannte **Wortneubedeutung** (auch wenn sie uns heute nicht mehr sehr neu vorkommt) war die »Computermaus«, kurz »Maus«. Nach der Erfindung des Computers und einem dazugehörigen Gerät zur Steuerung musste ein passender Name her. Da Form und Kabel dem Tier ähneln, schien »Maus« ein passender Ausdruck zu sein. Daraus wurden dann mit der Zeit auch andere Wörter wie der »Mausklick«, die »Maustaste« oder der »Mauszeiger« neu gebildet.

Etwas neuer ist die Wortneubedeutung des Verbs »folgen«. Es bedeutet heute nicht mehr nur, dass man jemandem hinterhergeht oder jemandem gehorcht, sondern auch übertragen, dass man in einem sozialen Netzwerk regelmäßig die Posts eines Nutzers empfängt: »Ich **folge** ihr auf Instagram.«

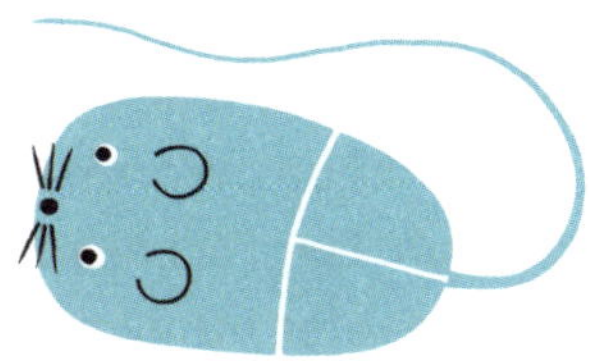

Wörter werden abgekürzt

Der nächste Prozess verbraucht auch kein Wortmaterial, sondern macht Wörter sogar kürzer, nämlich die **Kurzwortbildung**. Ein Wort wie »Professor« wird abgekürzt zu dem neuen Wort »Prof«. Wichtig ist dabei, dass nicht jede Abkürzung auch gleich ein neues Wort ist. Es handelt sich nur um ein neues Wort, wenn das Kurzwort auch neue Eigenschaften trägt. Anhand des Wortes »Professoren« und »Profs« wird das deutlich, denn »Professoren« müsste ja eher abgekürzt »Proffen« lauten, da man die

Endung »-en« in »Professoren« übernehmen würde. Im neu gebildeten Wort wird daraus jedoch »Profs«.

»Profs« ist somit ein eigenständiges Wort geworden, da es sich vom Ursprungswort »Professoren« gelöst hat. Bei einer Abkürzung wie »Stufi«, die für »Studienfinanzierung« steht, handelt es sich genau aus diesem Grund auch nicht um ein neues Wort, sondern nur um eine Abkürzung. Die Abkürzung »Stufi« trägt keine eigenen oder neuen Eigenschaften, die das Wort »Studienfinanzierung« nicht trägt.

Wörter werden neu erfunden

Ein Verfahren zur Bildung neuer Wörter, bei dem nicht auf bestehende Wörter zurückgegriffen wird, ist die **Wortneubildung**. Der heutige deutsche Wortschatz besteht jedoch zum allergrößten Teil nicht aus Wortneubildungen. Wenn es ein Wort doch in den Wortschatz schafft, dann oft nur, weil es zum Beispiel von einer einflussreichen Marke abgeleitet werden konnte, wie es zum Beispiel bei »googeln« oder »das Tempo« (»Taschentuch der Marke Tempo«, kurz »Tempo«) der Fall ist.

Ein anderes Beispiel ist das Wort »Muggel«. Dieses Wort aus der Harry-Potter-Reihe von J. K. Rowling, das bestimmte Personen bezeichnet, die keine Zauberbegabung haben, wird außerhalb der Fantasiewelt zwar eigentlich nicht gebraucht, weil es keine »Muggel« gibt. Trotzdem hat sich der Ausdruck für eine »Person, die nicht zaubern kann« aufgrund der Popularität der Bücher und Filme so sehr verbreitet, dass er heute sogar im Duden steht. Neue Wörter bezeichnet man auch als Neologismen, aus dem griechischen »neo« (»neu«) und »logos« (»Wort«).

Die meisten neu erschaffenen Wörter verschwinden direkt wieder aus dem Wortschatz, erwachen nur einmal kurz während eines Gesprächs oder in einem Buch zum Leben und werden dann nie wieder verwendet. Bei solchen spontanen Bildungen spricht man von **Okkasionalismen**. In dem Fachwort steckt das französische Adjektiv »occasionel«, das »gelegentlich« bedeutet. Die Wörter sind also Gelegenheitsbildungen.

Ähnlich ist es gewesen, als »rummerkeln« entstanden ist. »Rummerkeln« (durch die Endung »-eln« als Verb erkennbar) bedeutet so viel wie »sich so verhalten wie Angela Merkel, alles aussitzen und keine Entscheidungen treffen«. Solche Wörter mit einem konkreten Situationsbezug, die in der Politik polemisch eingesetzt werden, halten sich oft nicht lange genug, um in ein Wörterbuch aufgenommen zu werden. Sie kommen und gehen.

Ein etwas älteres Beispiel zu Neuschöpfungen und deren »Aussterben« ist der Fall »sitt«. Im Jahr 1999 wollte man die Wortschatzlücke schließen, die im Deutschen beim Gegensatz zum Adjektiv »satt« besteht. Wie drückt man aus, dass man »nicht durstig« ist? In einem Wettbewerb wurde nach einem passenden Wortkandidaten gesucht. Mehr als 100.000 Personen reichten rund 45.000 Vorschläge ein und »sitt« wurde als Sieger gekürt. Doch das Kunstwort hat sich bis heute im allgemeinen Sprachgebrauch nicht durchgesetzt. Niemand verwendet »sitt«, um das Gegenteil von »durstig« auszudrücken, und der Ausdruck wird daher auch nicht von gängigen Wörterbüchern aufgeführt.

Wörter werden importiert

Wesentlich häufiger als die Wortneubildung kommt die Erweiterung des Wortschatzes mit Fremdwörtern vor. Überwiegend Substantive werden in den deutschen Wortschatz übernommen, aber auch einige Adjektive und Verben.

Über die Geschichte des Deutschen hinweg sind es das Lateinische, das Französische und das Englische gewesen, die den größten Einfluss auf den deutschen Wortschatz hatten. Außerdem spielten das Italienische und das Griechische eine wichtige Rolle. Natürlich haben noch viele andere Sprachen ihre Spuren im deutschen Wortschatz hinterlassen, zum Beispiel:

Arabisch *(»Beduine«, »Islam«* und vermittelt über andere Sprachen *»Algebra«, »Sofa«),*
Chinesisch *(»Tai-Chi«, »Wok«),*
Dänisch *(»Hygge«),*

Finnisch (*»Sauna«*),
Grönländisch (*»Anorak«, »Kajak«*),
Hebräisch (*»Golem«* und vermittelt über das Griechische und Lateinische *»amen«, »Moloch«, »Sabbat«*),
Japanisch (*»Bonsai«, »Tofu«*),
Koreanisch (*»Kimchi«, »Taekwondo«*),
Malaiisch (*»Amok«, »Sarong«*),
Niederländisch (*»Lotterie«, »Plakat«*),
Persisch (*»Schah«* und vermittelt über andere Sprachen *»Orange«, »Spinat«*),
Polnisch (*»Kalesche«, »Penunze«*),
Russisch (*»Balalaika«, »Droschke«, »Pogrom«*),
Schwedisch (*»Schäre«*),
Spanisch (*»Bolero«, »Guerilla«*),
Tschechisch (*»Halunke«, »Trabant«*),
Türkisch (*»Joghurt«, »Pascha«*).

Zeitungstexte bestehen zu ungefähr acht bis neun Prozent aus Fremdwörtern. In Werbetexten, bei denen man eigentlich davon ausgeht, dass besonders viele Fremdwörter verwendet werden, beträgt ihr Anteil nur circa vier Prozent. Sind die Deutschen also eher Fremdwortmuffel als Fremdwortfans?

Fakt ist jedenfalls, dass Fremdwörter auch wieder außer Mode geraten. Insgesamt zeigt sich, dass wohl im Laufe der Zeit genauso viele Fremdwörter hinzukommen wie auch wieder verschwinden. Wer kennt heute schon noch den »Etonschnitt« oder weiß, was sich hinter dem »Penny-a-liner« (schlecht bezahlter Journalist) und der »Faktage« (Zustellgebühr) verbirgt. Der Gesamtanteil von Fremdwörtern in der deutschen Sprache bleibt in etwa konstant.

Übrigens werden auch deutsche Wörter exportiert und so zu Fremdwörtern in anderen Sprachen. In Amerika wünscht man sich zum Beispiel »Gesundheit«, wenn jemand niest, in den Niederlanden werden »sowieso« und »überhaupt« gebraucht und das Substantiv »Weltanschauung« kann man auch in Frankreich verwenden.

Das Deutsche verleibt sich Fremdwörter ein

Fremdwörter, die es in den deutschen Wortschatz geschafft haben und bleiben, verändern sich mit der Zeit. Sie werden an die deutsche Sprache angeglichen. So kann die Rechtschreibung des fremden Wortes der deutschen Rechtschreibung angepasst werden und auch die Aussprache des Wortes kann verdeutscht werden. Dann spricht man nicht mehr von einem Fremdwort, sondern von einem **Lehnwort**. Lehnwörter sind also keine Fremdwörter, weil sie uns nicht mehr fremd sind. Sie kommen uns vertraut vor, sehen so richtig deutsch aus und klingen auch deutsch. Lehnwörter sind so unauffällig in den deutschen Wortschatz integriert, dass man sie nur noch bei näherer Betrachtung als ursprünglich »fremd« identifizieren kann.

Den Prozess vom Fremdwort zum Lehnwort hat zum Beispiel das Wort »der Sprint« durchgemacht. Das ursprünglich englische Wort »(the) sprint«, bei dem die Laute »s« und »p« getrennt voneinander gesprochen werden und zudem das »r« vorne im Mund gerollt wird, wurde komplett der deutschen Aussprache angeglichen. »S« und »p« werden zu »schp-« und das »r« wird nicht mehr gerollt, sondern weiter hinten im Mund in der Nähe des Rachens gesprochen.

Die deutsche Aussprache hat die englische Aussprache verdrängt und es somit zu einem deutschen Lehnwort gemacht. Das sieht man auch sehr deutlich am ursprünglich französischen Wort »Balkon«, bei dem der letzte Laut eigentlich nasaliert, das heißt »durch die Nase«, gesprochen wird und das »-n« sowieso nicht ausgesprochen wird. Im Deutschen wird das Wort aber so ausgesprochen, wie es dort steht, ganz einfach mit einem »-n« am Ende oder vor allem in Nord-Ostdeutschland mit einem »-ng«. Neben der Aussprache kann auch die Betonung angepasst werden, um aus einem Fremdwort ein Lehnwort zu machen. »Comeback« wird im Englischen auf dem »a« betont, als deutsches Lehnwort kann es auch auf dem »o« betont werden. Nicht nur Anpassungen der Aussprache können aus Fremdwörtern Lehnwörter machen, sondern auch wenn die Schreibung eines Fremdwortes verdeutscht wird.

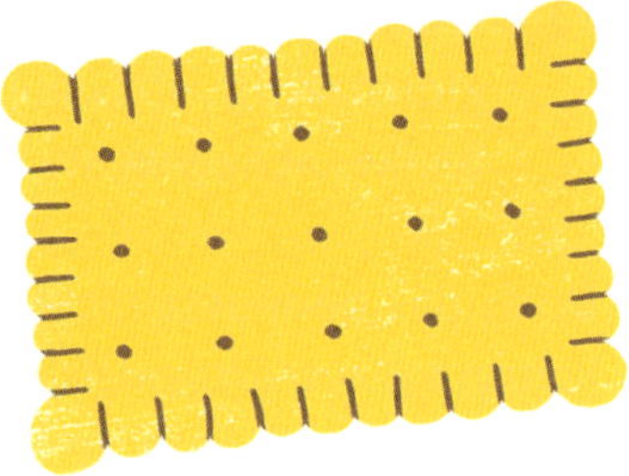

Kaum einer erkennt noch am Wort »Keks«, dass dieses ursprünglich vom englischen Wort »cakes« stammt und auch dem Wort »Telefon« ist an seinem Schriftbild nicht mehr sein englischer Ursprung abzulesen. Darum sind es typische Lehnwörter. Fremdwörter dahingegen enthalten noch einen »fremden« Anteil. Dieser bezieht sich überwiegend auf die folgenden vier Merkmale.

1. Fremdwörter haben bestimmte Vorsilben und/oder Endungen, die uns fremd erscheinen, zum Beispiel: »**Uni**kat«, »**hypochondrisch**« und »**mono**ton«.
2. Fremdwörter werden nicht wie andere deutsche Wörter ausgesprochen, weil sie entweder Laute enthalten, die es im Deutschen nicht gibt, oder weil sie anders betont werden, als man es bei einem

deutschen Wort erwarten würde: »Port**e**monn**aie**«, »**face**t**i**men«, »aut**a**rk« (Betonung auf dem letzten »a« anstatt auf dem ersten).

3. Fremdwörter haben eine ungewohnte Schreibweise oder eine Buchstabenabfolge, die nicht gebräuchlich ist: »B**o**dyb**ui**lder«, »R**hyth**mus«, »Ja**c**u**zz**i«, »**sh**oppen«.

4. Fremdwörter werden selten gebraucht, da es sich gleichzeitig oft um Fachwortschatz handelt: »Bad Bank«, »Exzentrik«, »Habitus«.

Doch das bedeutet nicht, dass es sich, wenn eins dieser Kriterien zutrifft, auch automatisch um ein Fremdwort handelt. Die Grenze zwischen Fremdwort und Lehnwort kann nicht als harte Grenze gezogen werden. Einige Wörter haben mehr Merkmale eines Fremdwortes, einige mehr eines Lehnwortes. Zudem können sich Fremdwörter auch leicht mit deutschen Vorsilben oder Endungen tarnen. Dann fallen sie weniger auf. So fällt das Wort »temperamentvoll« vielleicht gar nicht mehr als Fremdwort auf, weil die Endung »-voll« deutsch ist.

Die Eindeutschung der Grammatik

Wie mächtig die deutsche Sprache im Einverleiben von importierten Wörtern ist, kann man auch daran sehen, dass nicht nur Aussprache und Rechtschreibung verdeutscht werden. Auch die Grammatik eines Fremdwortes kann angepasst werden, um den Übergang zum Lehnwort zu ermöglichen. Dabei werden Formen eines Wortes so angepasst, dass es sich genauso verhält wie ein deutsches Wort. Vor allem bei Verben sieht man das sehr deutlich, denn deutsche Verben enden fast immer auf »-en«. Nimmt man nun ein englisches Wort wie »(to) chat«, dann kann man daraus ohne Probleme neue deutsche Wortformen wie »ich chatte«, »du chattest«, »wir chatteten« usw. bilden, die es alle nicht im Englischen gibt. Und prompt ist ein neues Lehnwort entstanden mit einer Vielzahl an Wortformen, die man braucht, um deutsche Sätze bilden zu können.

Dieses Prinzip der grammatischen Angleichung kann sogar so radikal angewendet werden, dass trennbare Verben entstehen. Trennbare Verben sind solche Verben, deren **Vorsilbe** vom Verb abgespaltet werden kann. Unter den germanischen Sprachen sind sie besonders im Deutschen und im Niederländischen bekannt. Diese Besonderheit führt dazu, dass die Teile eines Wortes an zwei sehr weit auseinanderliegenden Stellen eines Satzes stehen können, zum Beispiel beim Verb aufmachen: »**Machst** du mal bitte die Tür zur Terrasse **auf**?« Angewendet auf ein Wort wie »downloaden« können Sätze wie »Ich **loade** das neue Dokument aus dem Internet **down**« entstehen. Im Englischen undenkbar, für Deutsche logisch.

Aber auch die Grammatik der Substantive hilft beim Ummodeln von Fremdwörtern zu Lehnwörtern. Substantive haben im Deutschen grammatische Eigenschaften wie ein Geschlecht (männlich, weiblich, sächlich) und meist einen Plural (Mehrzahl). Nur im Singular stehen manche Wörter wie z. B. »Mehl« oder »Glück«.

Wenn ein Fremdwort aus einer Sprache ohne grammatische Geschlechter ins Deutsche übertragen werden soll, dann muss ein deutsches Geschlecht her, denn zu fast jedem deutschen Substantiv passt einer der Artikel »der«, »die« oder »das«. Keinen Artikel haben z. B. Wörter wie »Alzheimer« oder »Nahost«.

Das englische Wort »Sprint« muss also entweder männlich, weiblich oder sächlich werden, obwohl dies im Englischen keine Rolle spielt. Doch die Geschlechtszuweisung passiert nicht willkürlich, wir sagen bewusst »der Sprint«, weil wir auch »der Lauf« sagen. Wörter, bei denen es eine inhaltliche Übereinstimmung gibt, erhalten tendenziell auch dasselbe Geschlecht.

Oft hilft die Endung eines Substantivs bei der Wahl. Obwohl das Französische seinen Wörtern eigentlich Geschlechter zuweist wird aus dem Französischen Wort »le garage« (»der Garage«, ausgesprochen »ga-rasch«) im Deutschen »die Gara-ge«, weil hier die Aussprache angepasst wurde zu »ga-ra-sche« und Wörter, die im Deutschen auf »-e« enden, häufig weiblich sind.

Dieser Anpassungsprozess ist oft der Grund dafür, dass bei einigen Wörtern aus anderen Sprachen im Deutschen mehrere Geschlechter möglich sind. So kann man »der Virus« oder »das Virus« sagen, aber auch »der/das Laptop« oder sogar »der/die/das E-Mail«. Auch bei der Anpassung der Pluralformen von Substantiven bleiben manchmal Spielräume. Wer weiß schon, wie der Plural von »Status« lautet? »Status« (mit langem »u«, denn es stammt aus der lateinischen u-Deklination), »Stati« oder »Statusse«? Nur die erste Form stimmt.

Da einige ursprüngliche Pluralendungen von Fremdwörtern uns im Deutschen sehr ungewohnt erscheinen, existieren oft mehrere mögliche Formen. Wenn man nicht nur einen Espresso bestellen möchte, dann kann man zwei Espressi oder Espressos bestellen. Die Endung »-i« verwendet man, wenn man nah am italienischen Ursprung des Wortes blei-

ben möchte, die Endung »-os«, wenn es etwas deutscher klingen soll. Ebenso kann man »Risiken« oder »Risikos« eingehen (in Österreich auch »Risken«), Wörter in mehreren »Lexika«, »Lexiken« oder »Lexikons« nachschlagen, »Kakteen« oder »Kaktusse« sammeln.

Wörter werden zusammengesetzt

Die häufigste Art der Bildung neuer Wörter kann aber auf einen weiteren Prozess zurückgeführt werden. Und wenn man sich diesen ein wenig genauer ansieht, nähern wir uns auch der Frage, warum Wörter im Deutschen so lang werden können.

An erster Stelle der Wortschatzerweiterung steht die **Komposition**, das heißt die Zusammensetzung. Zwei oder mehrere einzelne Wörter werden zu einem neuen Wort zusammengesetzt. »Komposition« ist übrigens selbst ein Lehnwort aus dem Lateinischen »compositio«, das wiederum vom lateinischen Verb »componere« abgleitet ist. »Componere« bedeutet »zusammensetzen«. Außer in der Sprachwissenschaft kennen wir das Wort »Komposition« auch in der Musik, wenn neue Stücke komponiert, also »zusammengesetzt« werden. Auch Bilder oder andere Kunstwerke können Kompositionen sein.

Die sprachliche Komposition »Schreibtisch« besteht aus zwei Elementen »Schreib« (vom Wort »schreiben«)

und »Tisch«. Dieses Wort kann ganz einfach nochmals erweitert werden, indem man zum Beispiel »Stuhl« hinzufügt: »Schreibtischstuhl« und noch einmal: »Schreibtischstuhllehne«. Theoretisch können Wörter so unbegrenzt erweitert werden. Nicht in allen Sprachen ist die Komposition ein Mittel, das zur Wortbildung eingesetzt werden kann. Im Französischen zum Beispiel muss das Wort »Apfelkuchen« als »tarte aux pommes« (»Kuchen aus/von Äpfeln«) umschrieben werden. Welche Wörter im Deutschen die längsten und welche Wörter die kürzesten sind, betrachten wir im nächsten Kapitel noch ausführlicher.

Gekreuzte und verdoppelte Wörter

Zwei weitere Prinzipien der Wortbildung sind die **Wortkreuzung** und **-verdopplung**. Sie haben Ähnlichkeiten mit der Komposition, denn auch hier werden zwei (oft) freie Wörter zusammengefügt, aber bei der Wortkreuzung verschmelzen die Wörter im Gegensatz zur Komposition zu einer neuen Einheit. Ein sehr bekanntes Beispiel hierfür ist der Begriff »Denglisch«, der sich aus »Deutsch« und »Englisch« zusammensetzt, der »Teuro«, der um die Jahrhundertwende geschaffen wurde, und das Wort »Brunch«.

Brunch = Breakfast + Lunch

Aus dem Englischen kennen wir auch die »Netiquette« und das »Motel«. Bei der Bildung einer solchen Wortkreuzung werden Laut- oder Buchstabenfolgen »an der Schweißnaht« weggelassen. Bei »Denglisch« fehlt der gesamte letzte Teil des Wortes »Deutsch«, nur der Buchstabe »D« bleibt übrig. Die Wortkreuzung »Teuro« klingt sehr natürlich in unseren Ohren, da beide Wörter »teuer« und »Euro« die Buchstabenkombination »eu« enthalten, die nach dem Entfernen von »-er« in »teuer« übereinandergelegt werden können.

Neben der Wortkreuzung kann es auch zur Verdopplung von Elementen wie in »plemplem« oder »blabla« kommen, wobei es auch oft einen Vokalwechsel von »i« zu »a« gibt: »Krimskrams« oder »zickzack«. Die so entstandenen Wörter bestehen also aus der Aneinanderreihung eines verdoppelten Wortes.

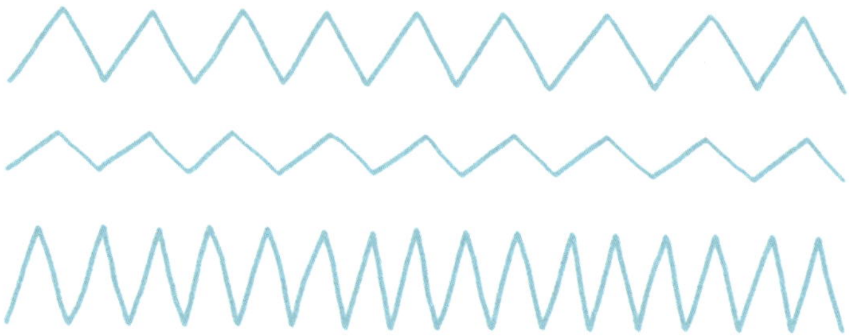

Verdopplung als Wortbildungsmittel kennen wir auch aus Wörtern wie »vorgestern – **vorvor**gestern – **vorvorvor**gestern ...«. Teilweise können auch kleine Variationen im ersten Teil des Wortes auftreten: »schickimicki«. Solche Wörter sind allerdings sehr selten, es gibt nur ungefähr 100 davon im deutschen Wortschatz. In anderen Sprachen spielt die Verdopplung eine viel wichtigere Rolle als im Deutschen. Im Lateinischen kann zum Beispiel das Reduplikationsperfekt gebildet werden. Das Verb »pendere« wird so zu »**pepe**ndi«. Das kann sich in unseren

Ohren wie ein leichtes Stottern anhören, sorgt aber dafür, dass aus »ich bezahle« (»pendere«) »ich habe bezahlt« (»pependi«) wird. Auch im Gotischen, einer Sprache, die es heutzutage nicht mehr gibt, kommt die **Reduplikation** vor. Aus dem Wort »haita« (übersetzt »ich heiße«) kann durch Verdopplung das Präteritum gebildet werden: »**haihait**« (auf Deutsch »ich hieß«). Viele andere Sprachen setzen die Verdopplung außerdem ein, um die Bedeutung eines Adjektivs zu verstärken oder abzuschwächen: »Piano« kann im Italienischen »langsam« heißen, »**piano piano**« »sehr langsam«. In der Sprache Daiyu, das im westlichen Yunnan in China gesprochen wird, kann mit der Verdopplung ein Vorgang abgestuft werden. Man sagt »kin« (deutsch »essen«), »kinkan« (deutsch »ein wenig essen«) und »**kinkankinkan**« (im Deutschen etwa »nach Belieben essen«).

Rinderkennzeichnungsfleischetikettierungsüberwachungsaufgabenübertragungsgesetz
Schokoladen
weihnachtsmanneinpackpapier

Warum sind die Wörter im Deutschen so (schön) lang?

»Es war einmal ein Mädchen, die den Namen Barbara trug. Sie hatte eine ganz besondere Gabe, denn sie konnte köstlichen Rhabarberkuchen backen. Ihr Kuchen machte sie im gesamten Umland bekannt und kurzerhand nannte sie jeder nur noch Rhabarberbarbara. Eines Tages kam die kluge Barbara auf eine Geschäftsidee. Wenn ihr Rhabarberkuchen allen so gut schmeckt, könnte sie ja eine Bar eröffnen, in der sie ihren Rhabarberkuchen verkauft. Gesagt, getan, sie eröffnete ihre Bar: Die Rhabarberbarbarabar. Das Geschäftsmodell ging auf und mit der Zeit kamen mehr und mehr Stammkunden in die Rhabarberbarbarabar. Drei von ihnen waren Barbaren und sie kamen so oft in die Rhabarberbarbarabar um Rhabarberbarbaras Rhabarberkuchen zu essen, dass man die drei Barbaren nur noch Rhabarberbarbarabarbarbaren nannte.«

Im Internet kann man viele Varianten dieses Zungenbrechers finden, in denen das Wort »Rhabarberbarbarabarbarbaren« beliebig erweitert wird. Die Barbaren tragen Bärte, gehen zum Barbier, trinken Bier und schließlich kommt auch noch eine feste Verkäuferin hinzu, Bärbel heißt sie. Am Ende kommt dabei heraus: »Rhabarberbarbarabarbarbarenbartbarbierbierbarbärbel«.

Das so immer länger werdende Wort kann theoretisch unbegrenzt wachsen. In der Praxis stellt sich schnell die Frage, wie lang ein solches »Kunstwort« wirklich werden kann und ob es überhaupt als »echtes« Wort zählt. Davon unabhängig verdeutlicht dieser Zungenbrecher ein ganz wichtiges Phänomen der Wortbildung und trägt maßgeblich zur Antwort bei, warum die Wörter im Deutschen so lang werden können.

Man nennt diesen Vorgang Komposition, also Zusammensetzung, und er wurde bereits im vorherigen Kapitel kurz angesprochen. Bei der Komposition werden bereits bestehende Wörter zu neuen Wörtern verbunden. Im Deutschen wird dieses Prinzip häufig genutzt, wahre Wortmonster können so entstehen. Schon Kinder im Alter von zwei Jahren wenden dieses Prinzip intuitiv an, um neue Wörter zu bilden. Sie sagen zum Beispiel »Zugmann«, eine Kombination aus »Zug« und »Mann«, wenn sie das Wort »Schaffner« noch nicht kennen.

Viele Experimente in der Linguistik weisen darauf hin, dass das Bilden von Wörtern mithilfe der Komposition ein Urprinzip ist, das tief in uns steckt. Ob angeboren oder sehr früh erlernt, diese Frage konnte allerdings bisher nicht geklärt werden.

Und gerade weil es im Deutschen das Prinzip der Komposition gibt, können Wörter sehr lang werden.

Vor allem Substantive werden miteinander verbunden, um Wörter wie die »Donaudampfschifffahrtsgesellschaftskapitänsuniform« zu bilden.

Aber auch Adjektive können auf diese Art mit Substantiven verbunden werden. Sie können links vom Substantiv stehen wie »**Hoch**haus« und »**Billig**wein« und dabei auch in ihrer gesteigerten Form vorkommen: »**Höchst**leistung«. Andererseits können sie auch rechts vom Substantiv stehen: »wasser**fest**«, »himmel**blau**«, »pech**schwarz**«. Komposita, die vollständig aus Adjektiven bestehen, also wobei sowohl der rechte als auch der linke Teil Adjektive sind, gibt es eher selten. Ab und an begegnet man aber einem Wort wie »nasskalt«. Auch Adjektive und Verben dürfen kombiniert werden: »trinkfest«, »denkfaul«, »knallbunt«.

Es gibt aber Beschränkungen: Adjektive, die selbst schon von einem Substantiv abgeleitet sind und die zum Beispiel auf »-bar«, »-lich«, oder »-ig« enden, können nicht noch einmal mit einem Substnativ kombiniert werden, auch wenn sie eigentlich schön klingen: »Wunder**bar**zeit«? »Ärger**lich**wut«? »Traur**ig**tag«?

Gebräuchlich sind auch Kombinationen aus Verb und Substantiv wie in »**Wasch**maschine«. Dabei kommen auch Verben mit einer Vorsilbe vor wie »**Anmelde**pflicht«. Das Wort »**Impf**zentrum« wurde zum Beispiel im Jahr 2021 gehäuft verwendet. Und obwohl es nicht in einem Wörterbuch stand, hat niemand nachgefragt, was das denn genau ist, so ein »Impfzentrum«, da Verb und Substantiv in dieser Art ganz regelmäßig verbunden werden können.

Generell kann man sagen, dass sich alle Wortarten zur Bildung von Komposita mit Substantiven einsetzen lassen.

1. Präpositionen: »**Nach**mittag«, »**Hinter**haus«, »**Über**stunde«
2. Adverbien: »**Allein**anspruch«, »**Abwärts**trend«
3. Pronomen: »**Wir**gefühl«, »**Ich**sucht«
4. Interjektionen: »**Aha**-Erlebnis«, »**Ja**-Sagerin«, »**Wow**-Stimmung«

Sogar einzelne Buchstaben sind möglich wie »X-Beine« und »Z-Promi«, wobei man diese Kategorie von Wörtern unterscheiden muss, die durch Kurzwortbildung entstehen. Der »O-Saft« ist z. B. das Kurzwort zu »Orangensaft«, was aber wiederum tatsächlich ein Kompositum ist.

Beim Vergleichen von Komposita in verschiedenen Sprachen fällt auf, dass nicht alle Sprachen diese Art der Wortbildung erlauben. Wir haben ja schon das Beispiel des »Apfelkuchens« genannt, das im Französischen »tarte aux pommes« heißt, ein »Thunfischsalat« ist auf Spanisch eine »ensalada de atún« (»Salat von Thunfisch«). Hier werden die

beiden Bestandteile des neuen Wortes mit einer Präposition verbunden. Allgemein gilt, dass in romanischen Sprachen Komposita wie das französische »café-filtre« (im Deutschen »Filterkaffee«) eher selten sind. Aber nicht nur in romanischen Sprachen, sondern auch in slawischen Sprachen wie dem Polnischen werden Präpositionen verwendet, um längere Wörter zu bilden, so in »sałatka z tuńczyka« (»Salat mit Thunfisch«). Neben Präpositionen gibt es in anderen Sprachen weitere Möglichkeiten der Wortbildung wie im Russischen »картофельный салат«, was ungefähr als »kartoffelner Salat« übersetzt werden kann. Das Substantiv »Kartoffel« wird als Adjektiv eingesetzt, um den Salat zu beschreiben.

Der »Kopf« bestimmt

Erstaunlicherweise ist jedem fast sofort klar, dass es sich bei der »Donaudampfschifffahrtsgesellschaftskapitänsuniform« um eine Uniform handelt und nicht um einen Fluss. Es stellt sich die Frage, wie es uns überhaupt möglich ist, die Bedeutung solch langer, komplexer Wörter zu verstehen. Sogar bei neuen, frei erfundenen Wörtern ist es uns möglich, die jeweils passende Bedeutung zu finden. Nehmen wir dazu einmal ein Wort wie »Clownteller«. Keiner würde dabei auf die Idee kommen, dass es sich hier um einen Clown handelt, sondern es ist deutlich, dass es sich um einen bestimmten Teller handelt. Vielleicht um einen Teller, auf dem ein Clown abgebildet ist, oder um einen Teller, den ein Clown verwendet.

Das Geheimnis liegt im regelmäßigen Aufbau der Komposita. Ein »Autoreifen«, ist ein Reifen eines Autos. Ein »Autoreifenprofil« ist das Profil eines Autoreifens. Ein »Autoreifenprofilmesser« ist ein Messgerät, das das Autoreifenprofil misst. Der Kern eines solchen Kompositums ist also immer das Wort, das an letzter Stelle steht.

Die »Donaudampfschifffahrtsgesellschaftskapitäns**uniform**« ist eine Uniform, weil eben das letzte Wort in diesem Kompositum »Uniform« lautet. Dieses Prinzip nennt man Rechtsköpfigkeit, da der Kern des Wortes, der Kopf, rechts steht.

In anderen Sprachen ist das nicht der Fall. Der Kopf eines Wortes kann auch links stehen. Der »hombre rana« im Spanischen ist ein »Froschmann«, auch wenn »hombre« »Mann« bedeutet und »rana« »Frosch«.

Ebenso im bereits genannten französischen Wort »**café**-filtre«. Es handelt sich nicht um den Kaffeefilter, wie man als Deutscher vermuten könnte, sondern um Filterkaffee.

Die Reihenfolge, in der die Wörter in einem Kompositum stehen, ist fest. Wenn

man sie abändert, entstehen neue Wörter. Eine »Milchkuh« ist etwas anderes als »Kuhmilch« und ein »Filterkaffee« kein »Kaffeefilter«.

Im Deutschen haben wir dieses Grundmuster der Komposition so stark verinnerlicht, dass sogar Komposita aus gleichberechtigten Teilen wie »Radiowecker« als nicht gleich empfunden werden. Ein Radiowecker ist für Deutsche eher ein Wecker mit einer ganz bestimmten Funktion. Er kann als Radio verwendet werden.

Neben der Bedeutung bestimmt der Kopf (der rechte Teil) eines Kompositums auch die grammatischen Eigenschaften des Wortes. Das »Fernsehprogramm« ist sächlich, weil der Kopf (das »Programm«) ein sächliches Wort ist. Der »Fernsehsender« ist männlich, weil der Kopf (der »Sender«) männlich ist. Aber auch die Wortart wird durch den Kopf bestimmt. »Zuckersüß« ist ein Adjektiv, weil der Kopf (»süß«) ein Adjektiv ist. Diese Regel erklärt auch, warum der Plural von »Apfelkuchen« nicht »Äpfelkuchen« lautet.

Und genau aus diesem Grund empfinden wir Kombinationen wie »grüner Minzegeschmack« als komisch, da eben ein bestimmter Geschmack beschrieben wird und wir »grün« automatisch auch auf den letzten Teil, den Geschmack, beziehen und eben nicht auf den ersten Teil »Minze«. »Grüne Minze« würde sehr wohl passen. Geschmack kann nicht grün sein. Ein »angenehmer Minzegeschmack« bereitet wiederum keine Verständnisprobleme. »Angenehm« kann sich zweifelsfrei auf »Geschmack« beziehen.

Oft fallen uns diese kleinen Bedeutungsnuancen aber nicht einmal auf. Meistens dann, wenn sich das Adjektiv auf beide Elemente beziehen kann wie in »rote Johannisbeermarmelade«. Was genau ist gemeint? Rote Johannisbeeren oder rote Marmelade? Wahrscheinlich geht es um Marmelade aus roten Johannisbeeren, aber das sagt dieses Wort nicht aus. »Rot« muss sich der Regel nach auf den letzten Teil »Marmelade« beziehen. Es handelt sich also um rote Marmelade, die theoretisch auch aus weißen Johannisbeeren bestehen kann, die später eingefärbt wurden. Genauso sprechen wir auch von einem »neuen Wörterbuch«, wenn es zum Beispiel auch alte Wörter enthält. »Neu« bezieht sich auf den rechten Teil »Buch«, ob es alte oder neue Wörter enthält ist somit nicht gesagt. (Trotzdem würden wir uns sehr wundern, wenn ein »neues Wörterbuch« gar keine neuen Wörter enthalten würde.)

Der »Anfang« beschreibt

Bisher ging es ausführlich um den Kopf von Komposita, den rechten Teil des Wortes, der die Bedeutung des Gesamtwortes und dessen grammatische Eigenschaften bestimmt. Was ist aber die Funktion des linken Teiles einer zweigeteilten Struktur? Ein Autoreifen ist ein Reifen und zwar für ein Auto. Ein Autoreifenprofil ist ein Profil und zwar das eines Autoreifens. Ein Autoreifenprofilmesser ist ein Messgerät und zwar zur Messung des Autoreifenprofils. Dieses »und zwar« zeigt, wofür der linke Teil zuständig ist. Es gibt an, um was es sich genau handelt. Es bestimmt den rechten Teil von der Bedeutung her näher.

Oft ist es so, dass damit eine bestimmte Verwendung angegeben wird. Ein Eierlöffel ist ein Löffel mit der typischen Verwendung »zum Essen von Eiern«. Aber auch viele weitere Bedeutungsbestimmungen sind möglich.

Bei »Straßenkatze« wird mit »Straße« die Herkunft der Katze angegeben, aber auch das Material kann genannt werden wie beim »Metallring«, der Beruf (»Feuerwehrmann«), die Zeit (»Nachmittagsschlaf«), der Grund (»Trennungsschmerz«), Zweck (»Wanderschuhe«), das Thema (»Pflanzenbuch«) oder die Beschaffenheit (»Pulverschnee«). Diese Auflistung ist noch lange nicht vollständig, viele weitere Bedeutungsbeziehungen sind denkbar und es ist auch nicht so, dass ein und dasselbe Wort in jedem Kompositum sein eigenes Bedeutungsmuster behält. Mit jedem neu gebildeten Wort kann eine andere Beziehung ausgedrückt werden. »Tanz« gibt in »Tanzsaal« den Ort an, an dem getanzt wird. Mit »Tanzbär« wird ein Tier aus dem Zirkus bezeichnet, das vor Publikum tanzt. Ein »Tanzstück« ist aber ein Theaterstück, das vorgetanzt wird.

Bei Komposita, die aus einer Präposition mit einem Substantiv gebildet werden, lässt sich die Bedeutung oft durch die Wiederholung des gleichen Substantivs erschließen. Die »Vorstadt« ist eine Stadt vor der Stadt. Das »Hinterhaus« ist ein Haus hinter dem Haus. Aber aufgepasst, die »Hintertür« ist nicht die Tür hinter der Tür und der »Nachmittag« auch nicht der Mittag nach dem Mittag. »Über« und »unter« können zur Graduierung, also zur Abstufung, eingesetzt werden: »Überangebot – Unterangebot«, »Überbuchung – Unterbuchung«.

Dass die Interpretation nicht immer so leicht ist, fällt auch auf, wenn von der »Feinbäckerei« die Rede ist. Eine Feinbäckerei ist keine feine Bäckerei, sondern eine, wo Feines gebacken wird. Der »Superpreis« kann ein super Preis sein oder der Preis für Super an der Tankstelle.

Mehr als zwei Elemente

Einfache Komposita wie »Kindergarten« bestehen aus zwei Elementen: »Kinder« und »Garten«. Auch bei Komposita, die erweitert wurden, wie »Kindergartenplatz« bleibt eine zweigeteilte Struktur erhalten. Man unterteilt im ersten Schritt in »Kindergartenplatz« und im zweiten Schritt den ersten Teil in »Kindergarten«.

Kindergartenplatz

Kindergarten **Platz**

Kinder **Garten**

Solch eine Verzweigung nennt man Linksverzweigung, weil sich diese Struktur an der linken Seite weiter auffächert.

Aber bei anderen Komposita ist sehr wohl auch eine Rechtsverzweigung möglich. Das Wort »Fingerhandschuh« wird zuerst in »Finger« und »Handschuh« geteilt und fächert sich dann an der rechten Seite des Wortes weiter auf in »Hand« und »Schuh«:

Fingerhandschuh

Finger **Handschuh**

Hand **Schuh**

Bei komplexeren, längeren Komposita setzt sich diese Zweierstruktur immer weiter fort. »Schokoladenweihnachtsmanneinpackpapier« zeigt eine gleichzeitige Rechtsverzweigung und Linksverzweigung:

Beim Zweiteilen und Analysieren von Komposita kann es ganz gelegentlich zu Verständnisproblemen kommen. Ist ein »Druckerzeugnis« die Urkunde eines Druckers oder das Produkt einer Druckerei? Das »Musikerleben« das Leben der Musiker oder das Genießen von Musik? Oft bereiten diese Worte beim Lesen Probleme: »Blumentopferde« – handelt es sich um eine außergewöhnliche Pferderasse oder geht es um Erde für den Blumentopf?

Auch wenn es gelegentlich zu kleineren Verständnisproblemen kommen kann, führt unser implizites Wissen über die Rechtsköpfigkeit und die Zweierstruktur der Zusammensetzungen dazu, dass wir auch längere Wörter ganz gut verstehen können. Im folgenden Kapitel wird diese semantische Ebene (d.h. die Ebene der Bedeutung) noch etwas genauer betrachtet.

Eine vage Bedeutung und etwas Weltwissen reichen

Wir haben zwar gesagt, dass die Bedeutung eines Wortes durch den Kopf festgelegt und durch das Bestimmungswort näher bestimmt wird, sie ist aber nicht immer aus der Bedeutung der Einzelteile ermittelbar. Ein »Nashorn« ist kein Horn an der Nase, sondern ein Tier. Trotzdem weiß jeder genau, was gemeint ist. Die Beziehung zwischen den Einzelteilen des Kompositums (»Nase« und »Horn«) darf vage sein, solange wir aus unserem Weltwissen und aus dem Kontext heraus erkennen, was das eine mit dem anderen zu tun hat.

Wenn nun aber immer neue Wörter mithilfe von Komposition entstehen können, wie ist es dann überhaupt möglich, dass wir die Bedeutung eines neuen Wortes verstehen?

Genau dieser Frage gingen bereits mehrere Wissenschaftlerinnen und Wissenschaftler nach. Wenn man sich ein Wort ausdenkt wie »Roboterhaus«, dann haben vergleichbare Experimente ergeben, dass sich auch hier die Testpersonen überwiegend einig sind, was ein solches Roboterhaus sein könnte. Die Mehrzahl der Befragten antwortet, dass es sich um ein Haus handelt, in dem wahrscheinlich Roboter oder Bauteile der Roboter aufbewahrt werden. Kaum jemand kommt auf die Idee, dass es sich um ein Haus handelt, auf das öfter mal Roboter fallen, obwohl theoretisch nichts gegen diese zweite Bedeutung sprechen würde. In diesem Fall wird auf die Logik und unsere Erfahrungen in der Welt zurückgegriffen. Es ist einfach nicht üblich, dass Roboter auf Häuser fallen.

Hierzu nun ein weiteres Experiment. Was könnte ein »Eulenauto« sein? An dieser Stelle einmal nicht weiterlesen, sondern selbst darüber nachdenken.

Ein »Eulenauto« ist wahrscheinlich ein Auto, mit dem häufig Eulen transportiert werden, oder es ist ein Auto, das wie eine Eule aussieht. Andere Bedeutungen sind eher unwahrscheinlich, da sie nicht auf unseren Erfahrungen in der Welt basieren würden.

Die Interpretation von Komposita ist aber auch stark abhängig vom Kontext. Kaum einer wäre verwirrt, wenn man als Zoobesucher bei einem Gespräch zwischen zwei Zooangestellten hören würde: »Kannst du mal eben Ute und Tim mit dem Eulenauto in ihr neues Gehege transportieren?« Obwohl man selbst noch nie das Wort »Eulenauto« gehört hat, würde man sich nicht einmal darüber wundern.

Allerdings lassen Forschungen vermuten, dass hierbei auch die Intelligenz und die Kooperation eine wichtige Rolle spielen. Es muss beim Hören aktiv verglichen und kombiniert werden, die einzelnen Informationen müssen mit neuen Informationen verbunden werden. Die passende Bedeutung wird also nicht automatisch gefunden, sondern hängt ganz entscheidend mit unseren Erfahrungen in der Welt, in der wir leben, zusammen.

Eine Gruppe innerhalb der Komposita macht es uns aber sehr schwer, intuitiv auf die richtige Bedeutung zu kommen. Zu dieser Gruppe gehört zum Beispiel das oben erwähnte Nashorn, das kein Horn ist, sondern ein Tier. Das Kompositum »Nashorn« beschreibt also entgegen der geltenden Regeln für Komposita nicht etwas, was das Wort selbst ausdrückt, sondern etwas Externes, das aber im weiteren Sinne noch damit zu tun hat. Vor allem für Kinder kann das Wort »Nashorn« darum verwirrend sein, denn seine Bedeutung weicht von allen anderen Komposita ab. Wäre »Hornpferd« nicht eine viel logischere Bezeichnung für das Nashorn? Vor allem zum Bezeichnen von Personen sind diese abweichenden Bedeutungen beliebt. Ein »Langfinger« ist kein langer Finger, ein »Grünschnabel« ist kein grüner Schnabel und ein »Trödelkopf« ist kein trödelnder Kopf.

Bei der Erforschung von Komposita ist mithilfe von Experimenten zudem aufgefallen, dass nicht alle Verbindungen gleich akzeptabel sind. Es gibt Kombinationen, die wir eher als »unlogisch« einstufen. So etwas wie ein »Telefonhandy« ist unlogisch, da alle Handys auch zum Telefonieren verwendet werden können. Ein neues Kompositum ist vor allem dann »verständlich«, wenn es neue Informationen enthält. Noch deutlicher wird dies, wenn eine bestimmte Eigenschaft eines Gerätes durch technologischen Fortschritt im Laufe der Zeit selbstverständlich wird. Um das Jahr 2002 herum gab es noch das Wort »Fotohandy«, da Handys, mit denen man Fotos machen konnte, zur Seltenheit gehörten. Wenn man die junge Generation allerdings fragt, ob es das Wort »Fotohandy« geben kann, dann werden sie dies wohl eher verneinen, denn heutzutage können (fast) alle Handys Fotos machen.

Loriot, der bekannte deutsche Humorist, spielt mit dieser Eigenschaft von Komposita in einer Szene des Films »Ödipussi«. Drei Damen und ein Herr sitzen an einem Tisch und spielen das Wortlegespiel Scrabble. Tante Mechthild legt das Wort »Schwanzhund«, in der Hoffnung, dass sie mit diesem langen Wort viele Spielpunkte ergattern kann.

Doch ihre Mitspieler fragen, was denn ein »Schwanzhund« sein solle. Tante Mechthild erklärt: »Ein Schwanzhund ist ein Hund mit einem Schwanz.« Die Gruppe ist der Meinung, dass das kein Wort sei, denn jeder Hund habe einen Schwanz. Man könne dann ja auch das Wort »Schwanzkuh« legen. Eine Diskussion ist entfacht, man diskutiert darüber, ob es auch Hunde ohne Schwänze gäbe. Tante Mechthild wirft den anderen vor, dass sie nur einen zu kleinen Wortschatz hätten und eine weitere Mitspielerin reagiert beleidigt, dass sie dann ja auch ihr Wort »Quallenknödel« hätte legen können. Das Spiel wird abrupt beendet und die Stimmung an diesem Spieleabend ist verdorben.

Gleichberechtigung bei Komposita

Bei einer ganz besonderen Gruppe der Komposita gibt es keine inhaltliche Abhängigkeit. Bei den Wörtern »Dichterkomponist«, »Hosenrock« oder dem Fremdwort »Singer-Songwriter« sind beide Teile gleichberechtigt.

Ein Dichterkomponist ist genauso Dichter wie er auch Komponist ist. Ein Hosenrock ist genauso

Hose wie auch Rock – eigentlich vielleicht sogar eher eine Hose, denn er hat zwei Beine. Sehr häufig tritt dieser Spezialfall der Komposition nicht auf, aber anhand des Wortes »schwarzweiß« wird noch einmal sehr deutlich, dass der linke Teil den rechten nicht näher bestimmt. Ein schwarzweißes Zebra ist genauso ein weißes Zebra mit schwarzen Streifen wie auch ein schwarzes Zebra mit weißen Streifen. Weil beide Teile gleichberechtigt sind, lässt sich in Prinzip auch die Reihenfolge der Elemente ändern (»schwarzweiß« – »weißschwarz«), was bei Komposita wie »Milchkuh« und »Kuhmilch« eben nicht möglich ist. Trotzdem haben sich meist feste Abfolgen eingebürgert, niemand spricht von einer »Weißschwarzfotografie«, auch wenn »schwarzweiß« identisch mit »weißschwarz« ist.

Andere Sprachen machen im Gegensatz zum Deutschen übrigens viel häufiger Gebrauch von gleichberechtigten Teilen in Komposita. Das türkische Wort »anababa« bedeutet wörtlich übersetzt »Muttervater«, was im Deutschen dem Wort »Eltern« entspricht. Im Japanischen spricht man von »dan-sei« (im Deutschen etwa »Mannfrau«), wenn man »Ehepaar« meint. Oft, aber nicht zwingend, kommen diese Wörter also als Familienbezeichnungen vor. In anderen außereuropäischen Sprachen kann damit noch viel mehr beschrieben werden. Das vietnamesische Wort für Möbel lautet z. B. »bàgnhê«, wörtlich »Tischstuhl«.

Wie schreibt man Komposita eigentlich?

Wenn Wörter immer länger und länger werden, fragt man sich, wie man sie eigentlich schreibt. Alles in einem Wort? Ja, Komposita werden immer zusammengeschrieben.

Häufig findet man aber auch Komposita, die durch ein Leerzeichen getrennt wurden. Vor allem im Internet tritt diese »alternative« Schreibweise von Komposita auf, die wohl dem Einfluss der englischen Sprache zugeschrieben werden kann. Auch im Supermarkt findet man zum Beispiel die »Marzipan Rohmasse«. Kaum jemandem fällt auf, dass es ja eigentlich »Marzipanrohmasse« geschrieben wird. Eine Tageszeitung titelte zu dem Thema: »Die falsche Lücke: Das Deppen Leer Zeichen greift um sich«. Wer Komposita mit einem Leerzeichen trennt, der sei ein Depp.

Bei einem Bindestrich sieht die Sache schon ganz anders aus. Vor allem bei unübersichtlichen Komposita kann ein gut gesetzter Bindestrich verhindern, dass Missverständnisse auftreten. So wird das Wort »Druck-Erzeugnis« mit Bindestrich schon wesentlich lesbarer (nämlich nicht das »Zeugnis« für »Drucker«) und auch, wenn drei gleiche Buchstaben aufeinanderfolgen, hilft ein Bindestrich: »Kaffee-Extrakt«.

Auch längere Wörter mit mehr als drei Bestandteilen können so getrennt werden, um sie lesbarer zu machen:

»Mehrzweck-Küchenmaschine«. Gerade bei Wörtern, die aus Aneinanderreihungen von mehreren Wörtern bestehen wie das »Super-Hi-Fi-Dolby-Digital-Surround-Subwoofing-System« oder die »Sowohl-als-auch-Lösung« und die »Alles-unter-einem-Dach-Lösung« sind die Bindestriche notwendig, damit Leserinnen und Leser den Sinn etwas schneller erfassen können.

Bei Zusammensetzungen gleichrangiger Farben kann der Bindestrich dazu dienen, Missverständnisse zu vermeiden: Das »blau-rote« Kleid besteht aus zwei Farben, während das »blaurote« Kleid auch violett sein könnte. Allerdings ergibt »schwarzweiß« nicht grau.

Ein Trend, der vor allem bei Marken stets häufiger auftritt, ist die Binnengroßschreibung. Da Marken als Eigennamen nicht den amtlichen Regeln gehorchen müssen, sind solche Schreibungen auch im Duden zu finden. »YouTube®« und »BahnCard©« sind prominente Beispiele hierfür, aber auch der Ausdruck »KopfHörer« ist gelegentlich zu lesen. Ein »KopfHörer« ist eine Person, die mit dem Verstand hört und kein technisches Gerät. Durch die Großschreibung wird verdeutlicht, dass es sich um ein Wort mit einer neuen Bedeutung handelt.

Der Kleber zwischen Wörtern

Zwei Wörter, die nach dem Prinzip der Komposition miteinander verbunden wurden, haben in ihrer Mitte eine »Schweißnaht«. In der Linguistik sagt man dazu Fuge. Oft liegen die Wörter nahtlos aneinander wie in »Gartenschlauch«, aber bei einigen Verbindungen wird die Fuge mit einem zusätzlichen Element besetzt. Im Wort »Lebenserfahrung«, das ein Kompositum aus den Wörtern »Leben« und »Erfahrung« ist, steht in der Fuge ein zusätzliches »s«.

Lebenserfahrung

Genauso ist es bei »Verkehrsvorschrift«, »Lebensversicherung« oder »Unternehmensrecht«. Aber nicht nur das Fugen-s tritt häufig auf, sondern auch das Fugen-n wie in »Kundenbefragung«.

Nun könnte man meinen, dass diese Fugenelemente gar keine zusätzlichen Elemente sind, sondern noch zum linken Wort der Komposition gehören. »Lebens«, »Verkehrs« und »Unternehmens« könnten auch einfach die Genitivformen dieser Wörter sein. »Die Versicherung des Lebens« wäre eine Umschreibung des Wortes »Lebensversicherung«, in der dieser Genitiv zum Ausdruck kommt. So könnte auch das »n« in »Kundenbefragung« ganz einfach als Teil der Pluralform »Kunden« aufgefasst werden. Schließlich geht es auch ganz eindeutig um die Befragung von mehreren Kunden. Noch deutlicher wird dies in Wörtern wie »Ärztekammer« oder »Bücherwurm«. Hier schreit der Umlaut in den Wörtern »Ärzte« und »Bücher« regelrecht, dass es sich um Pluralformen handelt. Ja, es spricht einiges dafür, dass es sich bei vielen Fugenelementen nicht um bedeutungsleere Elemente handelt, sondern ganz einfach um Wortformen wie den Genitiv oder den Plural von Wörtern.

Doch es lassen sich nicht alle Fugenelemente auf diese Art und Weise erklären. Ein »Kindheitstraum« ist kein »Traum des Kindheits« und es lautet »Hochzeitstorte«, auch wenn es keine »Torte des Hochzeits« ist. Warum sagt man »Buchrücken« und nicht »Buchesrücken«, wenn man damit doch den »Rücken eines Buches« meint? Einerseits gibt es die »Bücherkiste«, in der mehrere Bücher aufbewahrt werden, aber andererseits sprechen wir von der »Buchhandlung«, obwohl dort doch mehrere Bücher verkauft werden. »Bücherhandlung« wäre doch dann der passendere Begriff.

Vor allem beim Betrachten der historischen Entwicklung von Wörtern wird deutlich, dass sich einzelne Fugenelemente tatsächlich aus alten grammatischen Wortformen entwickelt haben und im Laufe der Zeit übernommen wurden. Das heißt, dass man tatsächlich einige Fugenelemente in Wörtern auf Wortformen zurückführen kann, aber nicht alle.

Es gibt aber noch weitere Gründe, die das Auftreten von Fugenelementen erklären können. Möglich ist zum Beispiel, dass Fugenelemente der besseren Aussprache dienen, doch das lässt sich nur schwer belegen. Nehmen wir dazu einmal das Beispiel »Hochzeitstorte«, das sich nicht als Genitivform von »Hochzeit« erklären lässt. Vielleicht wäre »Hochzeittorte« schwieriger auszusprechen als »Hochzeitstorte«, wirklich belegen lässt sich diese Theorie nicht, vor allem im internationalen Vergleich. Während man in der Schweiz die »Abfahrtzeit« eines Zuges nennt, sagt man auf Deutsch »Abfahrtszeit«. Schweizer sowie Deutsche haben aber keine Probleme, dieses Wort auszusprechen, mit oder ohne Fugen-s.

Neben der Aussprache könnten Fugenelemente auch helfen, die richtige Bedeutung der Wörter zu finden. Man könnte argumentieren, dass es »Geschichtsbuch« heißen muss, denn bei einem Kompositum wie »Geschichtebuch« wäre nicht deutlich, ob es um ein »Buch mit einer Geschichte« oder ein »Buch der Geschichte« geht. Genau aus diesem Grund heißt es auch »Spieleladen« und nicht »Spielladen«, da man in diesem Geschäft nicht spielt, sondern Spiele kauft.

Auffällig ist auch, dass bei kurzen Komposita oft keine Fugenelemente auftreten, während dies bei langen, komplexen Komposita sehr wohl der Fall ist. »Fahrtrichtung« und »Holzhaus« kommen ohne Fugenelement aus, während »Umleitungsschild« und »Abfahrtsregelung« länger und komplexer sind und durch ein Fugenelement strukturiert werden. Fugenelemente könnten also helfen, längere Wörter zu gliedern.

Das längste Wort

Was ist das längste Wort? Auch diese Frage ist nicht leicht zu beantworten, aber sehen wir uns einmal die Kandidaten genauer an. Das längste Wort finden wir wahrscheinlich in der Chemie, denn die Bezeichnungen chemischer Strukturen können bekanntlich sehr lang werden. 1964 wurde in der Fachzeitschrift Chemical Abstracts dieses 1185 Zeichen lange Protein abgedruckt, das Bestandteil des Tabakmosaikvirus ist. Somit liegt schriftlich fest, dass es dieses Wort gibt:

Acetylseryltyrosylserylisoleucylthreonylserylprolylserylglutaminylphenylalanylvalylphenylalanylleucylserylserylvalyltryptophylalanylaspartylprolylisoleucylglutamylleucylleucylasparaginylvalylcysteinylthreonylserylserylleucylglycylasparaginylglutaminylphenylalanylglutaminylthreonylglutaminylglutaminylalanylarginylthreonylthreonylglutaminylvalylglutaminylglutaminylphenylalanylserylglutaminylvalyltryptophyllysylprolylphenylalanylprolylglutaminylserylthreonylvalylarginylphenylalanylprolylglycylaspartylvalyltyrosyllysylvalyltyrosylarginyltyrosylasparaginylalanylvalylleucylaspartylprolylleucylisoleucylthreonylalanylleucylleucylglycylthreonylphenylalanylaspartylthreonylarginylasparaginylarginylisoleucylisoleucylglutamylvalylglutamylasparaginylglutaminylglutaminylserylprolylthreonylthreonylalanylglutamylthreonylleucylaspartylalanylthreonylarginylarginylvalylaspartylaspartylalanylthreonylvalylalanylisoleucylarginylserylalanylasparaginylisoleucyasparaginylleucylvalylasparaginylglutamylleucylvalylarginylglycylthreonylglycylleucyltyrosylasparaginylglutaminylasparaginylthreonylphenylalanylglutamylserylmethionylserylglycylleucylvalyltryptophylthreonylserylalanylprolylalanylserine

Doch handelt es sich hierbei um ein Wort? Auffällig ist, dass der häufigste Buchstabe der deutschen Sprache, das »e«, gerade einmal 65-mal vorkommt, während der seltene Buchstabe »y« 183-mal verwendet wird. Eine typisch deutsche Struktur hat dieses Wort schon mal nicht und zweifelhaft ist auch, dass irgendeine andere Sprache so oft den Buchstaben »y« verwendet. Es geht hierbei also um ein technisches Wort. Solche technischen Wörter werden immer abgekürzt und nie in ihrer vollen Länge verwendet. Das sieht man auch am Kurzwort »Titin«, ein Protein aus ungefähr 30 Aminosäuren, das sage und schreibe 189.819 Buchstaben lang ist. Das sind 105 Standardseiten Text, weitaus mehr Buchstaben als dieses ganze Buch umfasst. Dmitry Golubovskiy, Chefredakteur des russischen Männermagazins »Exquire«, hat dieses Wort in einer

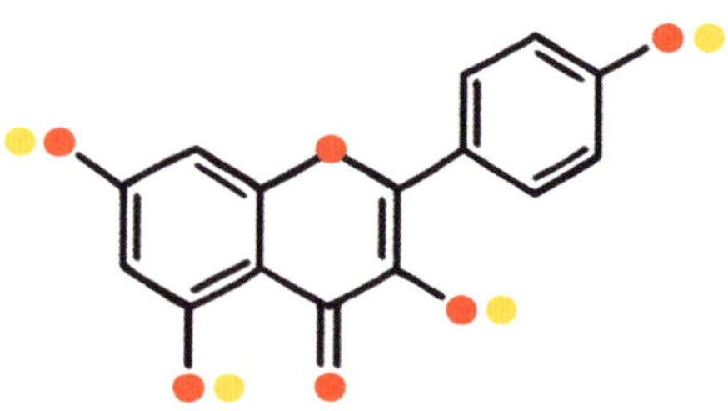

dreieinhalbstündigen Sitzung vorgelesen, denn so lange dauert es, dieses Wort auszusprechen. Es gibt aber mehrere »Titin«-Varianten und theoretisch wäre es sogar möglich, dass sie aus bis zu 38.000 einzelnen Aminosäuren bestehen. »Titin« wäre dazu im Vergleich nur ein Winzling.

Doch können wir dieses Wort als längstes Wort akzeptieren? Wohl eher nicht. Es wurde zwar abgedruckt, wenn auch nur im Internet, aber chemische Strukturformeln stehen generell nicht in Wörterbüchern.

Die Auswahl der längsten Wörter

Die Aufnahme in ein Wörterbuch wäre allerdings ein wichtiges Echtheitsmerkmal, da Wörter nur nach sehr langen Auswahlprozessen aufgenommen werden. Gedruckte Wörterbücher stehen heutzutage nicht mehr in jedem Haushalt, deswegen müssen auch digitale Wörterbücher und Datenbanken hinzugezählt werden. Das Dudenkorpus ist eine solche Datenbank, die eine große Menge verschiedener Textsorten enthält und fortlaufend aktualisiert wird. Die Sammlung zeigt einen Querschnitt der aktuellen schriftlichen Sprache und eignet sich dadurch als Instrument, um sich auf die Suche nach dem längsten deutschen Wort zu machen.

Wir haben schon gesagt, dass chemische Strukturformeln nicht als längste Wörter mitkandidieren sollen. Es stellt sich die Frage, ob man Ortsnamen oder ganz allgemein Eigennamen oder grammatische Formen akzeptiert. Denn das Wort »Bauarbeiter« kann ohne Probleme mit einem Genitiv-s grammatisch erweitert werden zu »Bauarbeiters« und ist direkt um einen Buchstaben länger. Wie misst man überhaupt? Zählt man die Buchstaben? Einzelne Laute? Silben? Ist es erlaubt, Leerzeichen zu verwenden oder Bindestriche?

Üblich ist es, von der Grundform des Wortes auszugehen. Das heißt, grammatische Wortformen zählen nicht als Wörter, sondern nur die eine Form, auf die alle weiteren Formen zurückzuführen sind, die Form, die im Wörterbuch steht, das Lexem. Die Länge des Wortes wird entweder durch die Anzahl der Zeichen oder der Anzahl der Laute bestimmt.

Wenn wir uns nun auf die deutsche Sprache beschränken, dann fällt auf, dass die langen Wörter vor allem aus der Rechts- und Verwaltungssprache stammen.

Das scheint wohl auch der Grund dafür zu sein, dass deutsche Wörter so gefürchtet sind. Logischerweise sind lange Wörter immer Komposita, da dieser Wortbildungsprozess theoretisch unbegrenzt lange Wörter möglich macht. Als 1999 das »Rinderkennzeichnungs- und Rindfleischetikettierungsüberwachungsaufgabenübertragungsgesetz« eingeführt wurde, waren direkt zwei Plätze der längsten deutschen Wörter belegt, einmal Platz 1 mit »Rinderkennzeichnungsfleischetikettierungsüberwachungsaufgabenübertragungsgesetz« und Platz 3 mit »Rindfleischetikettierungsüberwachungsaufgabenübertragungsgesetz«. 2003 wurde dann die »Grundstücksverkehrsgenehmigungszuständigkeitsübertragungsverordnung« ins Leben gerufen, die dem »Rinderkennzeichnungsetikettierungsüberwachungsaufgabenübertragungsgesetz« fast den ersten Platz strittig gemacht hätte, es aber mit nur 67 Buchstaben auf Platz 2 geschafft hat. Alle drei Wörter sind auch mehrfach im Dudenkorpus belegt, wurden also mindestens fünfmal in Dokumenten in dieser Form verwendet.

Damit ein Wort als »echtes« Wort akzeptiert wird, soll es nicht nur von einer einzigen Person einmal verwendet werden, sondern muss über einen gewissen Zeitraum hinweg öfter dokumentiert werden. Damit sind auch sogenannte Ad-hoc-Bildungen ausgeschlossen. Es ist wirklich erstaunlich, wie zahlreich die Menschen auf unübersichtlich erscheinende Wortkompositionen wie »Während-des-Spiels-miteinander-Diskutieren-und-wenn-das-nichts-bringt-dann-Kloppen-Kunst« zurückgreifen oder spontan Wortungetüme wie »Industrie-Hotel-Event-Kunst-und-Kultur-Ensemble« kreieren.

Man muss wohl eingestehen, dass sehr lange Wörter unpraktisch sind. Die Bedeutung zu erfassen, ist nur mit viel Mühe möglich und auch das Aussprechen der Wörter führt oft zu Problemen. Auch wenn lange Wörter ihre Berechtigung haben, kommen im Deutschen häufiger kürzere Wörter vor. Im Durchschnitt sind Wörter im Deutschen »nur« elf Buchstaben lang, die häufigsten Wörter sind noch kürzer: »der, die, das, in, sein, und, ein, von« und »zu«.

2007 wurde die »Grundstücksverkehrsgenehmigungszuständigkeitsübertragungsverordnung« dann auch abgeschafft und 2013 das »Rinderkennzeichnungs- und »Rindfleischetikettierungsüberwachungsaufgabenübertragungsgesetz«. Dokumentiert und auch eingeschränkt verwendet sind diese beiden Mammutwörter schon, doch befinden sie sich damit sicher auf dem Weg des Aussterbens.

Gehen wir weiter zum Platz 4 der langen Wörter des Dudenkorpus. »Llanfairpwllgwyngyllgogerychwyrndrobwllllantysiliogogogoch« ist ein Ort in Wales auf der Insel Angelsey. Doch man nennt ihn im Volksmund eher »Llanfairpwllgwyngyll«, »Llanfairpwll« oder kurz »Llanfair PG«. Man findet diesen Ortsnamen in deutschen Texten und somit könnte man es als längstes aktuell verwendetes Wort im Deutschen gelten lassen. Aber es ist eben ein Eigenname (noch dazu ein walisischer), ähnlich wie der Name einer chemischen Zusammensetzung, und damit vielleicht kein ganz »echtes« Wort.

Der walisische Ortsname ist im Vergleich zu anderen übrigens sogar eher kurz. Die alte Bezeichnung der Stadt Bangkok lautete »Krung Thep Mahanakhon Amon Rattanakosin Mahinthara Ayuthaya Mahadilok Phop Noppharat Ratchathani Burirom Udomratchaniwet Mahasathan Amon Piman Awatan Sathit Sakkathattiya Witsanukam Prasit«, was so viel heißt wie »Stadt der Engel, die große Stadt, die ewige Juwelenstadt, uneinnehmbare Stadt des Gottes Indra, mit neun kostbaren Edelsteinen ausgestattete große Hauptstadt der Welt, glückliche Stadt, die reich an einem kolossalen königlichen Palast, die dem himmlischen Domizil gleicht, in dem der wiedergeborene Gott regiert, eine Stadt, geschenkt von Indra und gebaut von Vishnukarm«.

Wenn Ortsbezeichnungen neben veralteten Gesetzen und Verordnungen ausgeschlossen werden sollen, dann bleibt noch die »Straßenentwässerungsinvestitionskostenschuldendienstumlage« als längstes deutsches Wort bestehen, aktuell Platz 5 im Dudenkorpus mit nur 58 Buchstaben.

Wollen wir auch aktuelle Gesetzesnamen ausschließen, hat das längste Wort im Gebrauch sogar nur 50 Buchstaben: »Unterhaltungselektroniktelefonverarbeitungspartner«.

Wie sieht es in anderen Sprachen aus? Schwer zu sagen, denn es ist schwierig, verschiedene Schriftsysteme zu vergleichen. Im Vergleich zu Sprachen, die dem Deutschen relativ ähnlich sind, wie z. B. dem Englischen, Französischen, Spanischen, Italienischen und Niederländischen hat das Deutsche sehr lange Wörter. Wie geht man jedoch mit Wörtern um, die zum Beispiel im arabischen oder hebräischen Alphabet geschrieben werden? Nicht alphabetische Schriften, bei denen ein Symbol für mehrere Laute stehen, wie dem chinesischen Schriftsystem, hätten dadurch einen Nachteil. Sprachübergreifende Vergleiche sind dadurch sehr schwierig, wir kommen aber später noch einmal darauf zurück.

FREUND
freund-lich
be-freund-en
ent-freund-en
Freund-schaft
Freund-schaft-lich-keit

Wie werden Wörter in neue verwandelt?

Zusammensetzung oder Ableitung?

Das Wort »Literaturwissenschaft« kann man in zwei Wörter zerlegen. Einerseits »Literatur« und andererseits »Wissenschaft«. Beide Teile können als selbstständige Wörter in einem Satz verwendet werden, es handelt sich um ein Kompositum. Der erste Teil »Literatur« bestimmt dabei den zweiten Teil »Wissenschaft« näher: Welche Wissenschaft? – Die Wissenschaft der Literatur. Kern dieses Wortes ist also das Wort »Wissenschaft«, das aber wiederum auch aus zwei Teilen besteht, nämlich »Wissen« und »-schaft«. Bei »Literaturwissenschaft« handelt es sich demnach um ein »verschachteltes« Wort.

Literatur–Wissenschaft

Doch der Teil »Wissenschaft« an sich ist kein Kompositum, da der Teil »-schaft« kein eigenständiges Wort ist. Es handelt sich um ein Wortbildungselement (also einen bestimmten Typ der Morpheme). Dieses Morphem »-schaft« muss immer an ein Substantiv gehängt werden, es ist nicht frei verwendbar. Einen Satz wie »Die Schaft des Mondes ist interessant« kann man nicht bilden.

Achtung, dieses Morphem sieht genauso aus wie das Wort »der Schaft«, z. B. »der Schaft einer Lanze«, ist aber heute etwas anderes.

Im Althochdeutschen konnte »-schaft« aus »Wissenschaft« (bzw. damals »-scaft«) tatsächlich noch als eigenständiges Wort mit der Bedeutung »Gestalt« oder »Beschaffenheit« verwendet werden. Man kann die Verwandtschaft heute weiter am englischen Wort »shape« und am deutschen Verb »schaffen« erkennen. Schon im Althochdeutschen entstanden dann zum Beispiel die Wörter »friuntscaf« oder »botascaft« (heute »Freundschaft«, »Botschaft«), in denen »-scaft« so etwas bedeutete wie »Zustand, Beschaffenheit, Verhalten« und nicht mehr allein stand. Seitdem wurden mit »-schaft« viele neue Wörter gebildet, die Endung gilt als sehr produktiv.

Im Unterscheid zu Wörtern sind Wortbildungselemente im Deutschen begrenzt, es gibt ein bestimmtes Inventar im Deutschen, das sich nur sehr langsam erweitert. Mit ihnen kann man aber quasi auf Knopfdruck nach einem bestimmten Schema alle beliebigen Ableitungen eines Wortes bilden. Braucht man zum Beispiel ein Verb, kombiniert man einen Stamm mit dem Wortbildungselement »-en« (»chatten«, »gipsen«), braucht man ein Adjektiv, hängt man beispielsweise »-ig« oder »-lich« (»ekelig«, »freundlich«) an beliebige Stämme an. Ein Adjektiv kann zum Beispiel mit »-keit« oder »-heit« zu einem Substantiv umgeformt werden. Dass dies sogar funktioniert, wenn das abgeleitete Wort eher ungewöhnlich ist, konnte man in dem Gedicht von August Stramm an den Wörtern »feinden« und »raschlig« sehen.

Ganz vereinzelt gibt es Wortbildungselemente, die nur ein einziges Mal vorkommen, also keine typischen Wortbildungselemente sind, die aber trotzdem keine Wörter (Lexeme) darstellen, da sie nur in genau dem einen Wortzusammenhang eine Bedeutung haben. Beispiele sind »Him« in »**Him**beere« und »Brom« in »**Brom**beere«, »Schorn« in »**Schorn**stein«, »Fleder« in »**Fleder**maus« oder auch »kunter« in »**kunter**bunt«.

Viele dieser Bestandteile hatten früher einmal eine eigene Bedeutung, die man auch noch erahnen kann (z. B. steht »Fleder« in Zusammenhang mit »flattern«).

Genau wie Komposita können Ableitungen immer zweigeteilt werden, auch wenn sie verschachtelt sind.

Freundschaftlichkeit

Freundschaftlich-keit

freundschaft-lich

Freund-schaft

Die Endung »-keit« sorgt dafür, dass aus dem Adjektiv »freundschaftlich« ein Substantiv wird. »Freundschaftlich« kann im nächsten Schritt wiederum zweigeteilt werden in »Freundschaft« und »-lich«. Wieder wurde die Wortart des Kernwortes gewandelt. Das Substantiv »Freundschaft« besteht aus »Freund« und »-schaft«. Dies ist die letzte Ebene, ab hier kann das Wort nicht weiter gegliedert werden.

Wie man bei der Komposition mehrere Wörter aneinanderreihen kann, so kann man also auch bei Ableitungen mehrere Endungen hintereinander verwenden. Das sieht man sehr deutlich am Wort »Instrument-al-isier-ung«. Aus dem Substantiv »Instrument« wird das Adjektiv »instrumental«, dann das Verb »instrumentalisieren« und schließlich wiederum ein Substantiv: »Instrumentalisierung«.

In Zusammensetzungen steht das Grundwort immer rechts. Ein Unterschied zwischen Ableitung und Komposition besteht darin, dass auch der rechte Teil den linken näher bestimmen kann wie in »Kindchen«. Es handelt sich dabei um ein Kind, und zwar um eines, das klein ist.

Ableitungen und Komposita sind auch im Hinblick auf die Bedeutungen der neuen Wörter zwei unterschiedliche Prozesse der Wortbildung. Mit »un-« oder »in-« kann aus Adjektiven zwar das Gegenteil gebildet werden: »glücklich« – »unglücklich«, »diskutabel« – »indiskutabel«, die Grundbedeutung des Wortes bleibt aber immer bestehen.

Bei Zusammensetzungen kann die neue Bedeutung des gesamten Wortes viel weiter von den einzelnen Teilen entfernen. Ein »Kindergarten« ist zum Beispiel eigentlich kein »Garten«, außerdem sind »Staub« und »Feinstaub« doch sehr verschieden.

Keine Endung ist wie die andere

Wenn man sich die Endungen genauer ansieht, dann fällt auf, dass einige von ihnen eine sehr konkrete Funktion und Bedeutung haben, während andere dahingegen vielseitiger eingesetzt werden können. An der Endung »-heit« kann man zum Beispiel ablesen, dass es sich bei dem Wort auf jeden Fall um ein grammatisch feminines Substantiv handelt. »-heit« hängt meistens an Adjektiven. Von der Bedeutung her drückt »-heit« aus, dass es sich um ein abstraktes Wort handelt, oft um einen Zustand, eine Eigenschaft oder eine Beschaffenheit. Die Endung »-heit« ist also recht spezifisch einzusetzen.

Auch Verkleinerungsendungen wie »-chen« und »-lein« haben ganz bestimmte Einsatzmöglichkeiten und Funktionen: Sie werden nur an Substantive gehängt, ein »Schatz« wird so zum Verkleinerungswort »Schätzchen« und ein »Kind« zum »Kindchen«. Im Süddeutschen wird die Verkleinerungsform häufiger mit »-lein« verwendet: »Schätzlein«, aber auch »-le«, »-li« und »-ke« können in einigen Regionen verwendet werden. So entstehen Wörter wie »Schätzli«, »Schätzle«, »Schätzke«. Die Bedeutung dieser Verkleinerungswörter ist komplexer, als man auf den ersten Blick vermuten mag. Die Endung zeigt an, dass etwas kleiner als erwartet ist, aber es wird auch eine besondere Zärtlichkeit ausgedrückt. Das »Mäuschen« ist nicht unbedingt eine kleine Maus, sondern eine besonders süße, harmlose Maus. Darum wirken Verkleinerungswörter wie »Rättchen« oder »Monsterchen« auch eher ungewöhnlich, da man sich schwertut, eine Ratte oder ein Monster als besonders liebenswert anzusehen.

Verkleinerungswörter können so auch zum Ausdruck von Ironie eingesetzt werden. Wenn eine Angestellte zu ihrem Kollegen sagt, dass sie noch ein paar »Überstündchen« habe, kann das je nach Kontext auch ein gehässiger Kommentar sein, der eigentlich dem

Chef gilt und ausdrückt, dass oft Überstunden gemacht werden müssen und dies ja nicht akzeptabel sei.

Die Endung »-ig« ist nicht so wählerisch bei der Wahl des Partners: So kann man mit »-ig« aus dem Substantiv »Saft« das Adjektiv »saftig« machen und dadurch angeben, was die Eigenschaft des Beschriebenen ist. Aus dem Verb »wackeln« wird mit der Endung »-ig« ein Adjektiv »wacklig« und nach demselben Prinzip wird auch das Adverb »heute« zum Adjektiv »heutig«. Etwas oder jemand mit der Eigenschaft »kurze Beine« kann mit »kurzbeinig« beschrieben werden oder jemand, der fein fühlt, »feinfühlig« sein. Die Endung »-ig« kann also unkompliziert sehr vielseitig eingesetzt werden.

Welche Endung ist die richtige?

Doch wie entscheidet man, welche Endung verwendet werden soll, wenn neue Wörter, zum Beispiel Substantive, gebildet werden? Sehen wir uns dazu einmal das frei erfundene Wort »Spunk« aus dem bekannten Kinderbuch »Pippi Langstrumpf« von Astrid Lindgren und die zur Verfügung stehenden Substantivendungen an. Würde eher die Endung »-heit«, »-keit«, »-igkeit« oder »-ität« dazu passen, um ein Substantiv zu bilden?

Wahrscheinlich würden die meisten sagen, dass »Spunkheit« und »Spunkigheit« besser klingen als »Spunkität«

und »Spunkkeit«. Aber warum ist das so? Ein Kriterium ist die Verwendungshäufigkeit. Wie viele Wörter bestehen bereits mit der jeweiligen Endung? Im direkten Vergleich zwischen »-heit«, »-keit«, »-igkeit« und »-ität« gewinnen »-heit«, »-igkeit« und »-keit« das Rennen, da diese Endungen häufiger im deutschen Wortschatz vorkommen. Die seltene, fremde Endung »-ität« wird im Deutschen überhaupt nur mit fremden Adjektiven verbunden (wie »Humanität«, »Komplexität«). »Spunk« klingt nicht besonders fremdsprachlich, daher wäre die Endung hier nicht die richtige.

Ein zweites Kriterium ist der Klang des Wortes. Auch wenn eine Endung häufiger vorkommt als eine andere, kann trotzdem eine weniger frequente Endung besser passen. Auch ob Laute zu kurz nacheinander wiederholt werden oder ob ein Wort rhythmisch klingt, tragen zur Entscheidungsfindung bei. Ein erfundenes Adjektiv wie »peital« würde eher die Endung »-ität« bekommen, da »Peitalität« besser klingt als »Peitalheit«. Auch »Spunkkeit« wäre wegen der aufeinanderfolgenden Konsonanten »k-k« etwas schwer auszusprechen, »Spunkigkeit« oder »Spunkheit« sind hingegen in Ordnung. Im Deutschen wird die Endung »-heit« meist mit einsilbigen Wörtern kombiniert, also gewinnt am Ende wohl »Spunkheit« das Rennen.

In Zusammenhang mit dem Klang ist bei der Wahl der Endung auch entscheidend, ob die Betonung des Ursprungswortes angepasst werden muss. Die Wahl fällt schnell auf

Endungen, die die originale Betonung des Wortes unangetastet lassen. Auch das kann anhand eines erfundenen Wortes getestet werden. Für das Deutsche gilt zum Beispiel, dass »-keit« nie unmittelbar nach betonten Silben steht. Das erfundene Adjektiv »terbid«, das auf der zweiten Silbe betont wird, könnte als Substantiv entweder »Terbidheit«, »Terbidigkeit« oder »Terbidität« lauten. Die Mehrheit wird sich wohl für »Terbidheit« entscheiden, da die Betonung des Wortes nah an der Ursprungsbetonung des Wortes »terbid« liegt. Bei »Terbidität« verlagert sich die Betonung auf die letzte Silbe des Wortes.

Auch vor dem Wort kann umgebaut werden

Besonders aus dem Griechischen und dem Lateinischen hat sich die deutsche Sprache Vorsilben »geliehen«. Die Liste ist lang, gilt für Substantive und Adjektive und reicht von »a-« wie in »a-sozial« über »hyper-« (»Hyperaktivität«), »makro-« (»Makroökonomie«) und »multi-« (»Multivitaminsaft«) bis hin zu »ultra-« (»ultramodern«).

Aber auch Verben werden ganz oft mit Vorsilben kombiniert. Aus dem Wort »bauen« kann mit der Vorsilbe »er« ein neues Wort gebildet werden: »erbauen«. Auf diese Art entstehen auch Wörter wie »umlaufen«, »anlaufen«, »verlaufen«, »belaufen«, »ablaufen«, »auflaufen«, »auslaufen«, »erlaufen«, »zerlaufen« ... Da viele Vorsilben so

typisch sind, kann man hier auch spontane Kreationen verwenden, ohne dass es zu Verständnisproblemen kommt. Sätze wie »Bei der Musik mussten alle **mitwippen**« oder »**Huste** den Krümel doch einfach **raus**« gehören zur Alltagssprache, auch wenn »raushusten« und »mitwippen« in keinem Wörterbuch stehen.

Bei Vorsilben von Verben kann man zwischen nichtfesten und festen Teilen unterscheiden. Statt »**Teile** das Brot bitte **zer**!« sagt man »**Zerteile** bitte das Brot!«, aber »**Wippe** doch **mit**!« und nicht »**Mitwippe** doch!«. Es kann aber auch beide Möglichkeiten geben. Das wird anhand des Wortes »umfahren« deutlich. Wenn man die Vorsilbe betont und »einen Baum **um**fährt«, endet das meistens tödlich. Es handelt sich dann bei der Vorsilbe »um-« um einen nicht festen Teil des Wortes. Die Vorsilbe kann also vom Rest des Verbes getrennt werden: »Er **fuhr** den Baum mit voller Geschwindigkeit **um**.« Wenn man die Betonung

aber nicht auf den ersten Teil legt, sondern auf den zweiten, dann kommen Baum und Fahrer unbeschadet davon: »Er um**fuhr** den Baum mit voller Geschwindigkeit.«

Kombinieren lassen sich Vorsilben im Gegensatz zu Endungen (»Freund-**schaft-lich-keit**«) eher selten, einige Verbindungen wie »un-ver« (»**un-ver**-schlossen«) sind aber möglich.

Ein weiterer Unterschied zu den Endungen ist auch, dass sie nicht die Wortart des Basiswortes ändern. Wir erinnern uns: Die Endung »-keit« macht aus einem Adjektiv ein Substantiv. »Freundlich« wird zu »Freundlichkeit«. Das Adjektiv »modern« bleibt aber auch in der Form »unmodern« ein Adjektiv. Und auch die »Oma« bleibt ein Substantiv, wenn sie zur »Uroma« wird.

Umschlossene Wörter

Es ist sogar möglich, dass ein Wort umschlossen wird wie in »**Ge**-bild-**e**«. Die Vorsilbe »Ge« umschließt zusammen mit der Endung »e« das Wort in der Mitte. Oft wird damit eine Aktion ausgedrückt, die einen negativen Hauch bekommt. Währende »reden« noch neutral klingt, ist »das **Ge**rede« schon nicht mehr neutral. Andere Beispiele hierfür sind »**Ge**blubber**e**«, »**Ge**dräng**e**« und »**Ge**faulenz**e**«. Neue Wörter entstehen so aber nur noch sehr selten.

Noch seltener sind Wortbildungselemente, die in ein Wort eingeschoben werden; im Deutschen kommen sie nicht systematisch vor. Ein Beispiel hierfür findet man z. B. in der philippinischen Sprache Tagalog. Das Verb »sulat« (auf Deutsch der Stamm »schreib-« in »schreiben«) kann durch Hinzufügen von »-um-« zu »s**um**ulat« werden und bedeutet »schreiben/jemand schreibt«. Auch im Englischen kann man ab und zu eine solche Konstruktionen finden: »fun-**fucking**-tastic«. Die Frage ist allerdings, ob solche kreativen Konstruktionen eher gelegentlich gebildet werden, also sogenannte Ad-hoc-Bildungen (»Aus-dem-Augenblick-heraus-Bildungen«) sind, oder tatsächlich zum englischen Wortschatz gehören.

Ein Blick auf die Sprachen der Welt

Wörter kommen aus fremden Sprachen in den Wortschatz, da Menschen in Kontakt miteinander stehen. Wörter können aber auch spontan entstehen, aus bereits bestehenden Wörtern zusammengesetzt werden oder mithilfe von ganz bestimmten Wortbildungselementen umgebaut werden. Welche Wortbildungsarten besonders häufig auftreten, ist je nach Sprache unterschiedlich. Das Deutsche mit seiner Vorliebe für lange Komposita ist nur eine von ungefähr 7000 Sprachen, die es aktuell auf der Welt gibt. In diesem Kapitel werfen wir einen Blick auf die Sprachen der Welt und vergleichen sie mit dem Deutschen. Wie sehr unterscheidet sich die deutsche Wortbildung von der in anderen Sprachen?

Die Geschichte der Sprachen

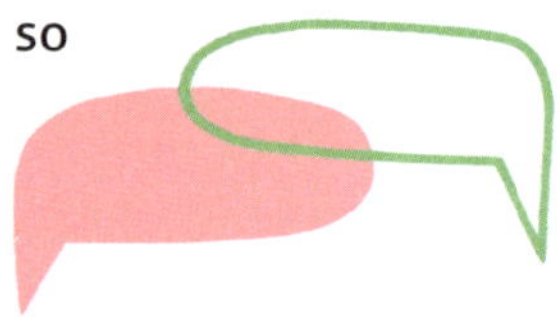

7000 Sprachen? Warum gibt es so viele und nicht nur eine? Tatsächlich geht die Forschung davon aus, dass es ganz zu Beginn der Menschheit eine Protosprache (zu Zeiten des Neandertalers) gegeben hat. Allerdings war es nicht so, dass unsere frühen Vorfahren auf einmal sprechen konnten, sondern Sprache hat sich über einen sehr langen Zeitraum entwickelt. Festzustellen, ab wann es überhaupt Sprache gab, ist jetzt im Nachhinein sehr schwierig, da gesprochene Worte in der Regel direkt verfliegen.

Geschriebene Sprache dahingegen kann sich über Tausende Jahre halten, ist aber sehr viel später entstanden als die gesprochene. Kinder lernen erst nach dem Sprechen, dass man Sprache auch schreiben kann. Schreiben folgt demnach dem Sprechen, nicht nur im kindlichen Lernprozess, sondern auch in der historischen Entwicklung der Sprachen. Erst vor circa 8000 Jahren kamen die ersten Menschen wohl auf die Idee zu schreiben und noch einmal 3000 Jahre später kann man überhaupt von einer Schrift sprechen. Die ersten schriftlichen Zeugnisse von Sprachen stammen aus dem Sumerischen und Ägyptischen vor rund 5000 Jahren. Dies genau ist auch der Zeitpunkt, an dem es mit absoluter Sicherheit Menschensprachen gegeben hat.

Mündliche Sprache zum Kommunizieren könnte es theoretisch aber schon im Zeitraum um 2 Millionen Jahre und 0,1 Millionen Jahre vor Christus gegeben haben. Zu dieser Zeit lebte der Homo erectus in Afrika, Asien und Europa. Er hat eventuell Laute als ein Signalsystem eingesetzt, um zu kommunizieren, und dieses System könnte sich deutlich von den Affen unterschieden haben. Man könnte sagen, dass die Sprache des Homo erectus schon das Mindestmaß an Sprache erfüllt haben könnte.

Doch woher stammt eigentlich die Vermutung, dass der Homo habilis, der noch vor dem Homo erectus gelebt hat,

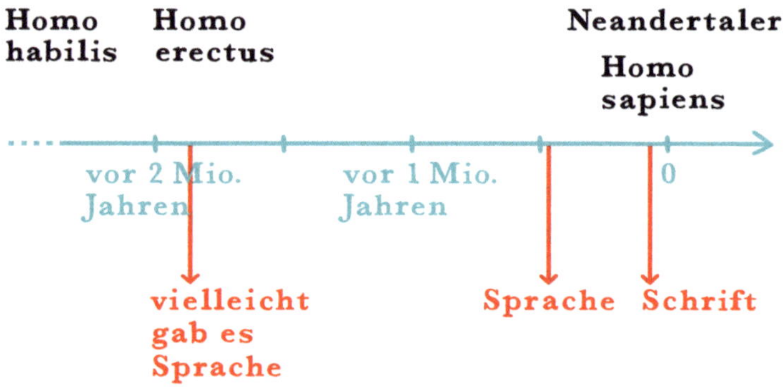

keine Sprache hatte und der Homo erectus dahingegen schon? Dies geht auf einen Fund in einer Höhle in Aserbaidschan zurück, in der ein Bärenschädel gefunden wurde. Auf den Unterkieferknochen wurden abstrakte Zeichen geritzt, die darauf hindeuteten, dass der Homo erectus religiöse Ideen hatte, und dies könnte ein Zeichen dafür sein, dass dieser Vorfahr sprachlich aktiv war. Ein weiterer Grund ist, dass der Mensch vor zwei Millionen Jahren anfing, Steinwerkzeuge herzustellen, wofür eine gewisse Sprachfertigkeit nötig gewesen sein könnte. Vom Homo habilis sind uns dahingegen keine solcher Indizien für einen Sprachgebrauch überliefert.

Über den wesentlich jüngeren Neandertaler können wir mit großer Sicherheit sagen, dass er sprechen konnte. Der Neandertaler lebte vor rund 500.000 bis 40.000 Jahren und hatte wichtige anatomische Voraussetzungen, um sprechen zu können, wie zum Beispiel das Zungenbein. Er konnte ähnlich wie wir heute hören und hatte den passenden Umfang des Gehirns.

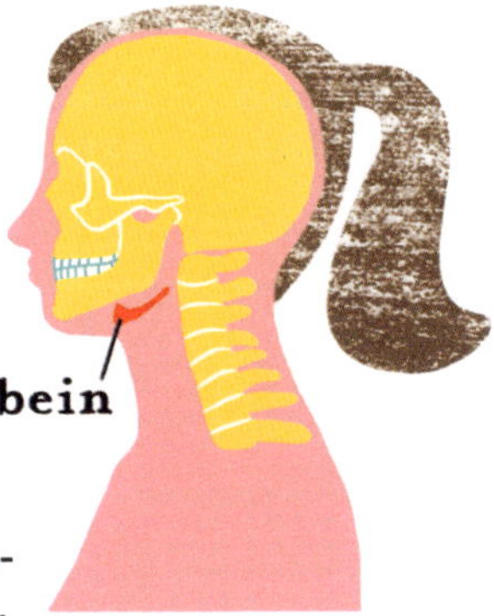

Die Sprache des Neandertalers war sicher nicht so komplex wie unsere heute: Er konnte weniger Laute produzieren, aber man kann bereits von einer Protosprache mit Grammatik und Vokabular sprechen. Zudem wissen wir, dass er vor 40.000 Jahren ein Gefühl für Kunst hatte, kulturelle Güter und Werkzeuge erfand.

Die Fähigkeit zu solchen symbolischen Aktivitäten und die Entwicklung einer komplexeren Sprache sind nach heutigen Erkenntnissen eng miteinander verbunden. Die Protosprache wurde im Laufe der Zeit immer weiter differenziert und schließlich entstanden die vielen Sprachen des modernen Menschen, von denen aktuell noch ungefähr 7000 übrig sind.

Aber zurück zur Frage, warum aus der Protosprache viele unterschiedliche Sprachen entstanden sind. Diese Frage beschäftigt die Menschen schon so lange, dass sie sogar ihren Platz in der Bibel gefunden hat. Der Turmbau zu Babel beschreibt, wie ein Volk einen himmelhohen Turm bauen wollte, aber Gott sie wegen ihres Größenwahns strafte, indem er ihre Sprache »verwirrte« und die Menschen über die ganze Erde verteilte. Sie konnten nicht mehr miteinander kommunizieren, um den Turm zu bauen. Sprachvielfalt ist in der Bibel also eine Strafe Gottes und somit etwas Schlechtes, während die Sprach- und Kulturwissenschaft später zeigte, dass Sprachenvielfalt aus einem Evolutionsprozess heraus entstanden ist und alles andere als schlecht ist. Sprachenvielfalt zeigt die Vielfalt der Kulturen.

Dass es so viele verschiedenen Sprachen gibt, könnte mit der Identitätsfindung der Menschen zu tun haben. Unsere eigene Identität motiviert uns über unsere grundlegenden Bedürfnisse hinaus zu handeln. Wir geben uns nicht mit Luft, Wärme, Wasser, Essen und Schlaf zufrieden, sondern sind auf der Suche nach Sinngebung, möchten erkunden, lernen und das Wie und Warum der eigenen Existenz ergründen. Sprache hilft uns dabei und je komplexer und spezialisierter die eigene Identität erforscht wird, desto größer werden auch die Anforderungen an unsere Sprache.

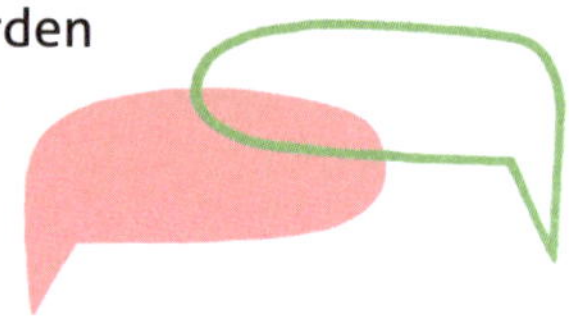

Die verschiedenen Sprachgruppen

Unabhängig von den Gründen der Ausdifferenzierung der Sprachen kann man genau untersuchen, welche Sprachen sich ähneln und unterscheiden und so rekonstruieren, wie sich Sprachen und Kulturen gegenseitig beeinflussen und wie die verschiedenen Sprachen entstanden sind. Wenn man Sprachen miteinander vergleicht, dann wird häufig auf die Einteilung nach Sprachgruppen verwiesen.

Deutsch gehört zu den germanischen Sprachen. Deutsch, Englisch, Schwedisch, Niederländisch und Dänisch haben zum Beispiel einen Wortschatz, der sich sehr ähnelt: »kochen« (deutsch), »cook« (englisch), »koka« (schwedisch), »koken« (niederländisch), »koge« (dänisch).

Darum liegt auch nahe, dass diese Sprachen einen gemeinsamen Ursprung haben. Sie sind aus einer Sprache entstanden, dem Protogermanischen, das im gesamten westlichen und nördlichen Europa gesprochen wurde. Seitdem driften die germanischen Sprachen auseinander, manche Ähnlichkeiten bleiben aber sehr lange bestehen. Andere lebende germanische Sprachen sind zum Beispiel Jiddisch, Norwegisch, Luxemburgisch und Friesisch. Ein weiterer Zweig der germanischen Sprachen war das Ostgermanische, zu dem die

Sprachen Gotisch, Burgundisch und Vandalisch zählten, die aber untergegangen sind.

Aufgrund von Ähnlichkeiten kann man auch unter anderem Französisch, Spanisch, Italienisch und Portugiesisch als romanische Sprachen mit einem gemeinsamen Ursprung (Protoromanisch = Vulgärlatein) einteilen und östlich sowie südöstlich in Europa die slawischen Sprachen (Russisch, Ukrainisch, Polnisch, Weißrussisch, Tschechisch, Serbokroatisch, Bulgarisch ...) mit dem gemeinsamen Ursprung Protoslawisch. Neben den drei großen Sprachgruppen gibt es in Europa zudem die baltische und die keltische Sprachgruppe. Zur baltischen Sprachgruppe zählen Lettisch und Litauisch. Zur keltischen Sprachgruppe gehören Irisch, das schottische Gälisch, Walisisch und Bretonisch. Interessanterweise konnte nachgewiesen werden, dass all diese Sprachgruppen auch einen gemeinsamen Ursprung haben: die indoeuropäische Sprachfamilie. Darunter fallen weitere Sprachen wie Griechisch, Albanisch, eine Reihe iranischer Sprachen und viele indische Sprachen, von denen man nicht vermuten würde, dass das Deutsche doch irgendwie mit ihnen verwandt ist.

Die baskische Sprache ist ein Sonderfall in Europa, da sie nicht zu den indoeuropäischen Sprachen gerechnet wird, ihre Herkunft ist bis heute nicht bekannt. Das heißt, es bestehen keine Ähnlichkeiten zu anderen

Sprachen, durch die man eindeutig ableiten könnte, wie sich das Baskische entwickelt hat. Auch die sogenannten finnougrischen Sprachen in Finnland und Ungarn sind nicht indoeuropäischen Ursprungs. Daran kann man auch sehen, dass sich die Sprachen in Europa weniger ähneln, als man vielleicht vermuten würde. Wir haben selbst sehr »exotische« Sprachen direkt vor der Haustür.

Weltweit gibt es rund 25 Sprachfamilien mit jeweils mehr als einer Million Sprechenden, insgesamt existieren aber noch viele weitere. Je nachdem wie man zählt, sind es ungefähr 180 Sprachfamilien und zusätzlich rund 120 Sprachen auf der Welt, die wie das Baskische als isoliert gelten. Sprachfamilien mit besonders vielen Sprechenden und vielen lebenden Sprachen sind neben dem Indoeuropäischen zum Beispiel Sinotibetisch in China, der Himalayaregion und Südostasien, die Familie Niger-Kongo in West-, Zentral- und Südafrika, die austronesische Familie in Südostasien oder in Südamerika Tupi, Quechua und Maya.

Koreanisch ist übrigens die einzige der meistgesprochenen Sprachen, die keiner Sprachfamilie zugeordnet werden kann und die damit ebenfalls als isoliert gilt.

Die verschiedenen Sprachtypen

Seit dem 18. Jahrhundert wird nicht nur historisch die Geschichte der Sprachen untersucht, sondern es werden Sprachen auch nach Sprachtypen eingeteilt. Diese Sprachtypen stimmen nicht eins zu eins mit den Sprachfamilien überein. Die Idee dazu hatten unabhängig voneinander verschiedene Linguisten, darunter August Wilhelm Schlegel und Wilhelm von Humboldt.

Wenn man sich die Form und den Aufbau von Sprachen ansieht, dann kann man sie in fünf Typen einteilen.

1. Es gibt Sprachen, deren Bausteine »verschmelzen« (fusionierend),
2. »Wurzelsprachen« (introflexiv), deren Wortstamm angepasst wird,
3. »geklebte« Sprachen (agglutinierend), die nach dem Baukastenprinzip aufgebaut sind,
4. »verkettete« Sprachen (polysynthetisch), deren Wörter zu ganzen Sätzen werden können,
5. »trennende« Sprachen (analytisch), die aus säuberlich voneinander getrennten Paketen bestehen.

Verschmelzende (fusionierende) Sprachen

Viele Sprachen, die uns vielleicht ganz fremd vorkommen, sind dem Deutschen doch ähnlicher, als man denkt. Sie zählen zu den verschmelzenden Sprachen. Dazu gehören zum Beispiel Latein, Altgriechisch, Slowenisch, Litauisch und Armenisch. Diese Sprachen haben die Eigenschaft, dass einzelne Wortbestandteile mit grammatischen Informationen verschmelzen und diese grammatischen Informationen zudem nicht immer eindeutig sind. Viele Formen sind somit zweideutig.

Das Wort »horti« ist ein lateinisches Wort, das uns mehrere Informationen mitteilt. Einerseits hat es den Stamm »hort-us«, was im Deutschen »Garten« bedeutet. Die Form vermittelt uns durch die Endung »i« auch, dass es ein Wort im Nominativ Plural oder im Genitiv Singular ist. Es bedeutet übertragen ins Deutsche also entweder »die Gärten« oder »des Gartens«. Weil die grammatische Form an den Teil, der die Bedeutung trägt, gehängt wird, »verschmelzen« beide Elemente sozusagen und dabei kann nicht eindeutig gesagt werden, um welche Information es sich genau handelt. »Horti« ist also mindestens zweideutig.

Das gilt auch genau in entgegengesetzter Richtung. Eine einzelne grammatische Information wie »das Wort steht im Plural und zudem im Nominativ« kann mit verschiedenen Formen ausgedrückt werden. Mal verwendet man die Endung »-ae« wie in »femin-ae« (auf Deutsch »die Frauen«), mal »-a« wie in »templ-a« (im Deutschen »die Tempel«).

Das Deutsche hat viele vergleichbare Eigenschaften und somit kann man es in gewisser Weise auch diesem Sprachtyp zuordnen. Zum einen sind auch im Deutschen der Wortstamm und die grammatischen Informationen miteinander verschmolzen, zum anderen kann auch im Deutschen ein Wortbestandteil unterschiedliche Funktionen übernehmen. Das Wort »wohn-t« enthält die Information, dass es um das Verb »wohn-en« geht, und zudem zeigt es durch das angehängte »-t«, dass es sich um eine dritte Person (er, sie, es) oder aber um eine zweite Person im Plural (»ihr wohn-t«) in der Gegenwart handelt.

Aber auch eine eindeutige Information wie »das Substantiv steht im Plural« wird im Deutschen durch ganze neun unterschiedliche Formen ausgedrückt:

- der Brief – die Briefe (Endung »-e« ohne Umlaut)
- der Ball – die Bälle (Endung »-e« mit Umlaut)
- die Frau – die Frauen (Endung »-en« ohne Umlaut)
- die Flasche – die Flaschen (Endung »-n« ohne Umlaut)
- das Kleid – die Kleider (Endung »-er« ohne Umlaut)
- der Wald – die Wälder (Endung »-er« mit Umlaut)
- das Hotel – die Hotels (Endung »-s« ohne Umlaut)
- der Bruder – die Brüder (ohne Endung, mit Umlaut)
- der Lehrer – die Lehrer (ohne Endung, ohne Umlaut)

Das verdeutlicht: Wortbedeutung und Grammatik verschmelzen, wobei einzelne Formen für mehrere grammatische Phänomene stehen können und ein einzelnes grammatisches Phänomen durch mehrere Formen ausgedrückt werden kann.

Natürlich kann man nicht bestimmen, ob eine bestimmte Sprache leicht oder schwer zu lernen ist. Das kommt ganz auf den Blickwinkel der Person an, die die Sprache erlernen möchte. Aber diese Beispiele zeigen, dass das Deutsche so einige Tücken mit sich bringt.

Wurzelsprachen (introflexive Sprachen)

Einige Sprachen wie Arabisch, Hebräisch oder Maltesisch sind auch »verschmelzende« Sprachen, haben aber eine ganz besondere weitere Eigenschaft. Die grammatischen Formen werden nicht, wie zum Beispiel im Lateinischen, angehängt, sondern die Wortwurzel wird geändert. Es sind Sprachen, deren Wurzel aus einem Skelett aus Konsonanten besteht. Anhand des Arabischen, das auch in Ägypten gesprochen wird, wird dies deutlich. Das Wort »Buch« lautet »**kitab**« und besteht aus dem Konsonantenskelett »k – t – b«. Zwischen diesen Konsonanten stehen die Vokale »– i – a –«. Wenn nun der Plural »Bücher« gebildet werden soll, dann wird in dieses Skelett die grammatische Form »– u – u –« eingeschoben. Aus »kitab« wird »kutub«.

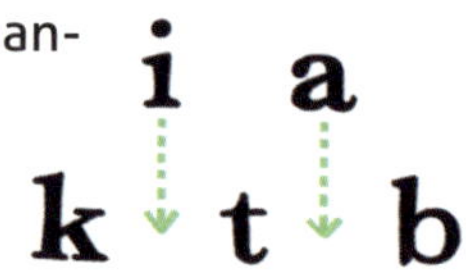

Auch das kann man mit einigen Formen aus dem Deutschen oder Englischen vergleichen. Im Deutschen verwenden wir die Formen »singen«, »sang« und »gesungen«, wobei in die Wurzel je nach Form ein »a« oder ein »u« eingeschoben wird. Im Englischen ist es ähnlich: »sing, sang, sung«.

Geklebte (agglutinierende) Sprachen

Neben verschmolzenen Sprachen und Wurzelsprachen, bei denen die Grenzen zwischen Wortbedeutung und grammatischer Form nicht immer eindeutig zu unterscheiden sind, gibt es auch Sprachen, die die einzelnen Informationen fein säuberlich voneinander trennen. Eine bestimmte Information stimmt mit genau einer bestimmten Form überein. Im Idealfall gibt es keine zweideutigen Formen. Zu diesen Sprachen zählen Ungarisch, Türkisch, Finnisch, Koreanisch und viele Sprachen indigener Völker Amerikas, aber auch Swahili, das eine weit verbreitete Sprache in Ostafrika ist. Das folgende Beispiel zeigt, wie sprachliche Informationen im Swahili voneinander getrennt werden:

ninasoma	ich lese
anasoma	er liest
tunasoma	wir lesen
nilisoma	ich las
alisoma	er las
nitasoma	ich werde lesen
tutasoma	wir werden lesen

Beim Vergleich von »ninasoma« und »anasoma« fällt auf, dass »soma« der Teil ist, der die Wortbedeutung trägt, in diesem Fall das Verb »lesen«. Mit der Form »ni« wird angegeben, dass es sich um eine 1. Person handelt, direkt daran schließt die Information an, dass es sich um die Gegenwart handelt »na«. Diese drei Elemente werden verkettet und das Wort »ni-na-soma« entsteht. Wenn es nun um eine 3. Person gehen soll, die liest, dann wird nach dem Baukastenprinzip die Information »ni« durch die Form »a« ersetzt und prompt entsteht »er liest«: »a-na-soma«. Man erkennt, dass die Form »na« für die Gegenwart steht, da »ich las« dem Wort »nilisoma« entspricht. Man findet auch hier wieder die grammatische Information für »ich« (nämlich »ni«), nur der mittlere Teil ist dieses Mal anders, somit muss »li« für Vergangenheit stehen. Das wird bestätigt, wenn man sich die letzten beiden Formen ansieht. Auch hier wird nur die mittlere Form ausgewechselt, was zum Schluss führt, dass »ta« für Zukunft stehen muss. Der Vorteil solcher geklebten Sprachen ist, dass nun auch die Form »wir lasen« auf Swahili gebildet werden kann, ohne dass man die Form jemals vorher gesehen hat. Die Lösung steht klein gedruckt unten auf dieser Seite.

Ein wichtiges Merkmal der Sprachen, die grammatische Informationen voneinander trennen, ist, dass sie ein Kasussystem besitzen. Die Bezeichnung Kasus kommt aus dem Lateinischen und heißt auf Deutsch »Fall«, gemeint sind mit »Kasussystem« also die grammatischen Fälle wie

Antwort: wir lasen → tu-li-soma

zum Beispiel der Nominativ. Die Kasusendungen werden an die Substantive geklebt. Das Finnische hat 15 Kasus, Baskisch 12 und Ungarisch hält den Rekord mit knapp unter 30 verschiedenen Kasus, die alle mit unterschiedlichen Kasusendungen ausgedrückt werden. Da kann das deutsche Kasussystem mit lediglich Nominativ, Genitiv, Dativ und Akkusativ nicht mithalten, zumal fast alle Formen im Deutschen mehrdeutig sind, also keine eigenen Formen haben. Man kann so gut wie nie anhand des Substantivs im Deutschen den Kasus bestimmen, außer im Genitiv: »Geld« (Nominativ, Akkusativ, Dativ) – »Geld**es**« (Genitiv).

Auch einige künstliche Sprachen machen sich dieses Baukastenprinzip zunutze. Unter ihnen Esperanto, eine Plansprache, die bereits im 19. Jahrhundert entworfen wurde. Wortstämme bleiben auf Esperanto wie auch auf Swahili bestehen und werden nicht verändert, wenn grammatische Formen hinzugefügt werden.

Eine wohl sehr besondere Kunstsprache, die auch nach diesem Prinzip aufgebaut wurde, ist Klingonisch aus der bekannten Science-Fiction-Serie »Star-Trek«. Sie wurde vollkommen frei erfunden als Sprache für die fiktiven »Klingonen«. Mittlerweile sprechen 20–30 Menschen weltweit diese Sprache fließend, ca. 2000 Menschen haben Grundkenntnisse dieser Sprache. Es gibt Wörterbücher und es werden Sprachkurse angeboten. Es scheint sogar, dass es bereits mindestens eine Person gibt, die Klingonisch als Muttersprache spricht.

Das klingonische Wort für Buch lautet beispielsweise »paq«. Wenn nun von mehreren Büchern die Rede ist, dann wird die Form »mey« angehängt. Aus »paq« wird »paq-mey«. Man kann hinzufügen, dass es sich um einen Besitz handelt, dass es »meine Bücher« sind. Dann wird auch diese Information hinzugefügt: »paq-mey-wIj«. Etwas kann »in meinen Büchern« stehen. Dann wird aus dem Wort »paq-mey-wIj-Daq«. Menschen, die Türkisch beherrschen, sollte dies sehr bekannt vorkommen, denn Türkisch ist eine solche Baukastenprinzipsprache. Im Schluss des zweiten Kapitels wurde dies am Beispiel »Okullarimizda« (auf Deutsch »in unseren Schulen«) bereits kurz gezeigt.

Verkettende (polysynthetische) Sprachen

Manche Sprachen »verkleben« nicht nur Wortinformationen mit grammatischen Informationen, sondern sie können Wörter auch mit weiteren Wörtern erweitern, sodass sogar ein ganzer Satz daraus entstehen kann. Einige indigene nordamerikanische Sprachen entsprechen diesem Sprachtyp. In solchen Sprachen kommen logischerweise auch viele Komposita vor. Im Oneida, eine Sprache, die mittlerweile fast ausgestorben ist, da sie nur noch von einer Handvoll Menschen in den USA und Kanada gesprochen wird, werden alle Informationen um ein zentrales Wort herum gruppiert. Das Wort »yo-huhs-atho:lé« bedeutet auf Deutsch in etwa: »Der Raum ist kalt.« Doch keine Sprache besteht ausschließlich aus solchen Bandwurmwörtern. Tiwa, ebenfalls eine Sprache eines indigenen Volkes, drückt den Satz »Ich gab dem Kind die Katzen« in zwei Wörtern aus: »Uide tam-musawiaban.«

Trennende (analytische) Sprachen

Der fünfte Sprachtyp beschreibt trennende Sprachen, bei denen alle Informationen voneinander getrennt in Form eines einzelnen Wortes wiedergegeben werden.

Zu ihnen zählt zum Beispiel Mandarin. Der Satz »Alle meine Freunde wollen Eier essen« lautet auf Mandarin:

wǒ	de	péngyou	men	dōu	yào	chī	jīdàn
Ich	Besitz	Freund	Plural	alle	wollen	essen	Ei.

Was man im Deutschen mit »meine« ausdrückt, wird hier in drei Einheiten getrennt: »wǒ«, »de« und »men«.

Auch Englisch kommt diesem Sprachtyp sehr nahe, da es nur wenige Wortformen hat. Verben im Präsens erhalten nur in der 3. Person eine Endung: »work-s«, »taste-s«, ansonsten wird die Person (wie auch im Deutschen) mit einem einzelnen Wort ausgedrückt: »I work«, »you work«. Anders verhält es sich im Spanischen: Die Wörter »trabajo« (»ich arbeite«), »trabajas« (»du arbeitest«) und »trabaja« (»er/sie/es arbeitet«) zeigen, dass Spanisch eine »verschmolzene« Sprache ist.

Wie ist das Deutsche einzuordnen?

Obwohl man alle Sprachen mehr oder weniger einem der fünf Sprachtypen zuordnen kann, sind es immer Mischungen. Keine Sprache ist ausnahmslos »trennend« oder »klebend«. Die Merkmale treffen größtenteils auf einen bestimmten Sprachtyp zu, eine eindeutige Zuordnung ist aber fast nie möglich.

Auch im Deutschen finden sich mehrere Typen wieder. Deutsch ist eine:

- verschmelzende Sprache: »Buch**es**« (drei Informationen werden über eine Form »-es« ausgedrückt):
  1. Geschlecht (das Buch),
  2. Anzahl (ein Buch),
  3. Kasus (Genitiv).
- Wurzelsprache: »singen – s**a**ng – ges**u**ngen«.
- trennende Sprache: Die Zukunft wird z. B. nicht mit einer bestimmten Verbform bzw. einer Endung ausgedrückt, sondern isoliert:
  »Ich **werde** das morgen **machen**.«

Wie kann man das Deutsche demnach im direkten Vergleich mit allen Sprachen der Welt einordnen? Es ist eine Sprache, deren Wörter oft mit grammatischen Formen verschmolzen sind, die aber auch durch Wortwurzeln geprägt ist. Es ist zugleich eine Sprache mit isolierten grammatischen Formen und auf die Wortbildung bezogen obendrein auch noch eine verkettende Sprache, mit der wunderschöne lange Wörter gebildet werden können.

Doch im internationalen Wettbewerb um die Sprache mit den längsten Wörtern oder den kuriosesten Wortformen schneidet das Deutsche nur mittelmäßig ab, denn auch viele andere Sprachen können lange Komposita bilden. So zum Beispiel das Dänische: »sporvognsskinneskildtskraberfagforening« (auf Deutsch heißt das ungefähr »Straßenbahnschienendreckkratzergewerkschaft«) oder das Ungarische, das ja als »verklebende« Sprache schlechthin gilt: »névjegytartódobozfedél« (auf Deutsch »Visitenkartenbehälterschachteldeckel«). Zudem laufen auch verkettende Sprachen wie Grönländisch dem Deutschen in diesen Kategorien mit Wörtern wie »aawlisa-ut-isshar-siwu-nga« den Rang ab. Dieses Beispiel bedeutet wörtlich übersetzt »Fischwerkzeug-Geeignetes-Erlangung-meine« oder frei übersetzt: »Ich verschaffe mir etwas, das zu einer Fischschnur geeignet ist.«

Darüber hinaus bringt die Anzahl der Laute und die zugelassene Komplexität von Silben im Deutschen, wie bereits zu Beginn des Buches erwähnt, keine langen Wörter hervor. Es gibt so eine große Zahl an möglichen verschiedenen Silben und Lauten im Deutschen, dass es schlicht nicht notwendig ist, sehr lange Wörter zu bilden. Sprachen wie Hawaiianisch brauchen von Natur aus längere Wörter, da die Anzahl und Kombinierbarkeit von Silben stark eingeschränkt ist.

Wird das Deutsche also seinem Ruf als Sprache mit besonders langen Wörtern gerecht? Wohl eher nicht, aber das ändert nichts an der Tatsache, dass Wörter unheimlich schön sein können, ob lang oder kurz, abgeleitet, neu geschöpft, importiert oder zusammengesetzt. Dies kann das abschließende Beispiel illustrieren. Das zusammengesetzte Wort »Feierabend« gibt es so nämlich in keiner anderen Sprache. Im Englischen heißt es zum Beispiel »closing time« (Schließzeit), im Spanischen »fin del trabajo« (Ende der Arbeit). Im Deutschen ist es jedoch eine Komposition aus dem Verb »feiern« und dem Substantiv »Abend«, das das schnöde tägliche Ende der Arbeitszeit in ein Fest verwandelt.

Glossar

Ableitung: (= Derivation) Ein Verfahren zur Bildung neuer Wörter aus einem bereits bestehenden Wort. Dazu wird ein freies Morphem mit einem gebundenen Morphem kombiniert, z. B.: »Freund« → »freundlich«.

Endung: (= Suffix) Ein gebundenes Morphem, das nach dem Wortstamm steht.

freies Morphem: Ein freies Morphem kann isoliert in einem Satz stehen und braucht nicht an ein anderes Morphem gebunden zu werden; es ist ein selbstständiges Wort.

Fuge: Die Berührungsstelle zweier Wörter, die bei der Komposition zwischen den einzelnen Bestandteilen entstehen kann, z. B. »n« in »Sonnenbrille«.

gebundenes Morphem: Ein gebundenes Morphem kann nicht isoliert in einem Satz stehen und braucht immer ein anderes Morphem, an das es gebunden werden kann, z. B. »lich« in »freundlich«.

Glottisverschluss: siehe Knacklaut.

grammatisches Morphem: Im Deutschen meist ein gebundenes Morphem, das eine grammatische Funktion hat, z. B. »st« in »du steigst«.

Idiom: siehe Phrasem.

Klicklaut: Ein Laut aus der Gruppe der Klicklaute, die in einigen afrikanischen Sprachen verwendet werden.

Knacklaut: (= Glottisverschluss) Plötzlicher Verschluss der Stimmlippen, der vor Vokalen am Beginn von Silben steht, z. B. in »vereisen« vor dem »ei«. So unterscheidet sich das Wort von »verreisen«.

Komposition: Ein Verfahren der Wortbildung, bei dem ein neues Wort aus mindestens zwei bereits vorhandenen Wörtern gebildet wird, z. B. »Handschuh« aus »Hand« und »Schuh«.

Konversion: Ein Verfahren der Wortbildung, bei dem die Wortart ohne Veränderung der Wortform gewechselt wird, um ein neues Wort zu bilden, z. B. »lachen« → »das Lachen«.

Kurzwortbildung: Ein Verfahren der Wortbildung, bei dem eine kürzere Variante einer Vollform gebildet wird, z. B. »Prof« aus »Professor«.

Laut: (= Phon) Die kleinste Einheit, in die man gesprochene Sprache unterteilen kann.

Lautinventar: Die Sammlung aller Laute einer Sprache. Jede Sprache hat ihr eigenes Lautinventar.

Lehnwort: Ein Wort, das aus einer fremden Sprache übernommen wurde und der Zielsprache in seiner Grammatik, Lautung und/oder Rechtschreibung angepasst wurde, z. B. »die Garage« aus französisch »le garage«.

Lexem: Ein selbstständiges Wort einer Sprache.

Morphem: Die kleinste bedeutungstragende Einheit einer Sprache, z. B. »freund« und »lich« in »freundlich«.

Nukleus: siehe Silbenkern.

Okkasionalismus: Eine Gelegenheits- oder Augenblicksbildung, die nur einmal oder nur ganz selten verwendet wird und die daher nicht im Wörterbuch steht, z. B. »rummerkeln«.

Phon: siehe Laut.

Phrasem: (= Idiom) Eine Redewendung. Mehrere Lexeme, die zusammen eine feste Form bilden, z. B. »in den sauren Apfel beißen«.

Präfix: siehe Vorsilbe.

Reduplikation: siehe Wortverdopplung.

Silbe: Eine Einheit, in die Wörter geteilt werden können und die auf lautlichen Eigenschaften basiert. Silben eines Wortes werden meist zusammenhängend ausgesprochen, z. B. »trin-ken«.

Suffix: siehe Endung.

Silbenkern: (= Nukleus) Der zentrale Teil einer Silbe (fast immer ein Vokal), um den die restlichen Laute (fast immer Konsonanten) stehen.

Stimmlippen: Zwei bewegliche Bänder, die sich im Kehlkopf befinden. Wenn Luft an ihnen verbeiströmt, vibrieren sie und ein Ton entsteht.

Vorsilbe: (= Präfix) Ein gebundenes Morphem, das vor einem Wortstamm steht, z. B. »ver« in »verlaufen«.

Wortform: Unterschiedliche Erscheinungsformen, die auf ein Lexem zurückzuführen sind, z. B. »gehe, gehst, gingen«.

Wortkreuzung: (= Kontamination) Ein Verfahren zur Bildung neuer Wörter, bei dem zwei Wörter zu einem neuen Wort zusammengefügt werden, wobei am Berührungspunkt einzelne Teile wegfallen, z. B. »Teuro« aus »teuer« und »Euro«.

Wortneubedeutung: Ein Verfahren zur Bildung neuer Wörter, bei dem bereits bestehende Wörter eine neue Bedeutung bekommen, z. B. »Maus« (zur Bedienung eines Computers).

Wortneubildung: (= Neologismus) Ein Verfahren zur Bildung neuer Wörter, bei dem nicht auf bestehende Wörter zurückgegriffen wird, z. B. »liken«.

Wortverdopplung: (= Reduplikation) Ein Verfahren zur Bildung neuer Wörter, bei dem ein ganzes Wort oder ein Wortteil wiederholt wird, z. B. »vorvorgestern«.

Quellen

Donalies, E. (2007): Basiswissen deutsche Wortbildung. A. Francke Verlag.

Duden (2020): Das Fremdwörterbuch. Dudenverlag.

Gussenhoven, C., Jacobs, H. (2011): Understanding phonology. Hodder Education.

Haarmann, H. (2010): Weltgeschichte der Sprachen: Von der Frühzeit des Menschen bis zur Gegenwart. C.H. Beck.

Hentschel, E. (Hrsg.) (2010): Deutsche Grammatik. Walter de Gruyter.

Heringer, H. J. (2014): Deutsche Grammatik und Wortbildung in 125 Fragen und Antworten. A. Francke Verlag.

Hoffmann, L. (Hrsg.). (2010): Sprachwissenschaft: ein Reader. Walter de Gruyter.

Janson, T., Wiese, M. (2003): Eine kurze Geschichte der Sprachen. Spektrum Akad. Verlag.

Nielsen, F. A. (2021): Vestgrønlandsk grammatik. BoD–Books on Demand.

Schlobinski, P. (2014): Grundfragen der Sprachwissenschaft. Vandenhoeck & Ruprecht.

Stramm, A. (1915): Patrouille. In: Der Sturm. Monatsschrift für Kultur und Künste (6/1915).

Winde, M. D. (2017, 4. Mai): Die falsche Lücke: Das »Deppen Leer Zeichen« greift um sich (URL: shz.de. https://www.shz.de/deutschland-welt/panorama/die-falsche-luecke-das-deppen-leer-zeichen-greift-um-sich-id16731806.html); abgerufen am 6.9.2021.

Wöllstein, A., Duden (Hrsg.) (2016): Die Grammatik: Unentbehrlich für richtiges Deutsch. Dudenverlag.

Bibliografische Information der Deutschen Nationalbibliothek

Die Deutsche Nationalbibliothek verzeichnet diese Publikation in der Deutschen Nationalbibliografie; detaillierte bibliografische Daten sind im Internet über http://dnb.dnb.de abrufbar.

D C B A

Bibliographisches Institut GmbH, Mecklenburgische Straße 53, 14197 Berlin

Redaktion Ilka Pescheck

Autor Ralf Methling

Illustrationen Enikö Gömöri

Herstellung Alfred Trinnes

Layout und Satz Burga Fillery, Berlin

Umschlaggestaltung 2issue, München

Umschlagabbildung Enikö Gömöri

Druck und Bindung
Heenemann GmbH & Co. KG
Bessemerstraße 83–91, 12103 Berlin

Printed in Germany

ISBN 978-3-411-77182-0

www.duden.de

PEFC
PEFC/04-31-1156

PEFC zertifiziert
Dieses Produkt stammt aus nachhaltig bewirtschafteten Wäldern und kontrollierten Quellen.

www.pefc.de